TIEMPO DE UN CAFÉ

LEONARDO LAJARA

TIEMPO DE UN CAFÉ

ISBN: 978-9945-9282-0-4

Hilos Rojos Editorial

2021

Diseño de portada: Eddimar Figueroa

Diagramación: Luz Rodriguez

Primera edición, Febrero 2021

Impreso por Brahinny ,San Francisco de Macoris.

Impreso en Republica Dominicana.

Printed in Dominican Republic

Paciente espero el tiempo de un café, tiempo que sigue su curso implacable tatuando momentos de todas formas y colores en mi alma. Con la mirada perdida en el horizonte los proyecto en mi mente evocando los sentimientos testigos de que en la estadía de mi existencia he vivido.

DON JUAN

Al despertar acaricio el lado que ocupabas de la cama con la esperanza de sentir la textura de tu cuerpo, suspiro intentando inhalar la esencia de tu aroma, pero siento que solo era un sueño, a pesar de que suprimo los maravillosos recuerdos vividos contigo para no torturarme. Al dormir esos recueros toman vida y cuando despierto espero todo el día a que mis parpados caigan con el peso del cansancio y soñar en donde te encuentro.

Abro mis ojos y no sé si el sol entra por las rendijas de mi ventana, hay una nube borrosa y no distingo nada. ¿Qué hora es? ¿Los demás están despiertos o aún es muy temprano?

Agradezco a Dios en oración por todo lo recibido y pido fuerzas para soportar otro día más. Mi cuerpo ha menguado tanto que no puedo hacer nada por mí solo este día y los próximos que me quedan.

Con el tacto me guio a tientas, lanzo los pies de la cama para intentar levantarme, acercarme a abrir una ventana y esperar que el calor del sol acaricie mis ojos para salir de mi habitación.

Tengo una campanilla en la mesa de noche para pedir ayuda, me doy lástima, me aflige la nostalgia de años de juventud, de pérdidas de personas a quienes he amado con toda mi alma, desahuciado esperando el último instante para dejar de existir en este mundo terrenal.

Hace un tiempo escucho que nos visita por primera vez mi nieto Luis, cuando salió de aquí era tan solo un pequeñito, hoy estará con nosotros de vuelta, pasará unos días de sus vacaciones con nosotros. Siento curiosidad de saber si será amable y tierno como me gustaría, si me prestará atención, si me escuchará, siento emoción otra vez al pensar que tiene cariño guardado para mí.

¿Y si no es cómo quisiera que fuera? Por qué en estos días la ausencia de valores es imperante, es mejor si minimizo mis expectativas y espero distante que un viejo atribulado como yo será causa de aburrimiento para él.

Entra Rosa a la habitación, ella es nuestra ama de llaves, la encargada de mantener el orden en la casa, además mientras mi hijo Enrique y su esposa no están se encarga de cuidar a mi nieto quien no ha cumplido su primer año y a mí.

Me saluda con un beso en la mejilla y unos buenos días como siempre, una sonrisa que no distingo, sin embargo, sé que está con ella. Sin inmutarme respondí el saludo dándole las gracias, no por galantería o porque es la respuesta que se acostumbra en las reglas de cortesía, más bien por amabilidad hacia este viejo gruñón y mal humorado, aunque solo soy un costal de tristeza que ni yo entiendo.

Me dice que Luis llegó, esperando desayunar conmigo, ansioso de conocerme. Reacciono con asombro. ¿Cómo es posible que tenga ansiedad de conocerme? Vaya decepción se llevará, porque no soy gran cosa para emocionarse.

Paso un largo rato aseándome y vistiendo, ya listo voy caminando a pasos de caracol haciendo un gran esfuerzo para lograr cada uno de los mismos, sujetando fuertemente el brazo de Rosa y deslizando mis pies sobre el piso. Llego al reto de cada mañana, la escalera. El más desafiante de la rutina porque cada día se pone peor, porque mis fuerzas se desvanecen conforme avanza la aguja del reloj.

Sujeto bien el pasamano de la escalera y el brazo de Rosa me sirve de bastón, inhalo profundamente y me preparo para bajar un escalón, luego tengo que reponerme y hacer lo mismo para el siguiente, trece peldaños en total. Al intentar bajar el siguiente llega Luis, me saluda con felicidad enérgica y mucha emoción, no le importó ver mi rostro de ogro y mi expresión de asesino en serie de película de terror.

Me besó y abrazó, no comprendía este sentimiento con que me abordó al instante. ¿Por qué tanta muestra de cariño? No era por hipocresía, no había nadie más que Rosa quien era la empleada. Mi tristeza se aplacó con este acto tan pequeño de felicidad y no pude evitar sonreír.

Rosa lanzo un grito, expresando que es la primera vez que me ve sonriendo, Luis me cargó como un costal y me aterroricé como la primera vez que subí a la estrella en los juegos mecánicos de patronales, pero reía de gozo, necesitaba hacerlo.

Luego fuimos a la mesa, mientras desayunamos y entrando en confianza empecé a contarle acerca de mi madre.

Mi madre era preciosa, mulata de piel suave y tersa, su pelo alisado como las indígenas. Según se cuenta no tuve padre porque mis abuelos por agradarle al patrón, dueño de las tierras donde vivían, le ofrecieron a mi madre de buena fe para que saciara sus deseos que a pesar de estar casado y tener una familia, le atraía los frutos de la juventud viva de las señoritas y para él era un deleite marchitar rosas de inocencia. Disfrutaba hacer bastardos que poblaban su hacienda, les daba trabajo, comida y un techo donde dormir.

Los padres arreglaban matrimonios de sus jóvenes hijas a temprana edad con algún otro joven de buena familia para que este señor, el gran proveedor, a quien se le debían en gratitud, no las codiciara.

Embarazó a mi madre a la edad de trece años y desde que nací fui de ella. Mis abuelos a quienes tampoco conocí, recibían la visita de los González quienes querían a una joven fuerte y trabajadora que les hiciera los deberes de la casa y pensando que nos hacían un favor, le obsequiaron a mi madre alegando que la amaban, sin embargo, no tenían nada excepto aquellas migajas que el patrón dejaba caer.

Cuando vino con los González a este barrio que se desarrollaba muy lejos de allí, se prometió que no volvería a verlos, nunca hizo esfuerzos por visitarlos y ellos nunca nos visitaron. La memoria se hizo ciega y el recuerdo imperceptible.

Nos pararon cuatro palos en el patio cobijados de yagua, el piso de tierra y nuestra cama era una corcha, sin más nada, ahí crecí y éramos felices. Mi madre daba gracias a Dios por el regalo que le había dado, un hijo.

El lugar era bellísimo rodeado de personas humildes y solidarias, en el barrio vivíamos todos como una gran familia y aunque el dinero era escaso entre sus habitantes, regularmente todo se compartía. Las casas eran pequeñas y quedaba mucha tierra fértil para cosechar, básicamente los víveres de la cena.

Pollos, patos y otras aves se criaban casi solos. Teníamos como vecino un rio precioso y caudaloso, donde las señoras acudían a lavar y nos bañábamos, ahí se pasaban veranos riquísimos en sus aguas, pero implantaba un terror inmenso cuando llovía porque bajaba tanta agua que parecía un brazo de mar.

En mi infancia, nada más me preocupaba en reír, gozar y jugar.

¡La inocencia!

Gran etapa de la vida, la niñez, además perderla por el conocimiento y la experiencia hace de hecho extrañarla inmensurablemente y todos estamos condenados a dejarla ir, se recuerda como una vieja amiga que partió para siempre, y más en aquellos momentos cuando la soledad es tu compañía. Ser inocente toda la vida es un sinónimo de demencia y locura. Sabemos que el inocente es inocente aun haciendo lo incorrecto.

Comencé hacerme adulto cuando empecé a percibir el exquisito esplendor del café, su aroma cuando asoma el alba como es de costumbre prepararlo, te despierta como una caricia suave, un beso tierno, te hace sonreír, te hace flotar sobre un monte fresco brindándote el confort y las ganas de abrazar la vida, te hace suspirar, activando tus sentidos despertando el deseo y la necesidad de saciarlo y como sin darte cuenta estas sentado en una silla esperando que te lo sirvan, lo tienes en tus manos, lo acercas a tu nariz, lo hueles sutilmente, te muerdes el labio inferior y te preparas a darle el primer sorbo, una constelación de estrellas invade tu cuerpo, un abrigo cálido te cobija, pero es tan suave que eriza tu piel, ese sabor cálido, fuerte y dulce te hipnotiza, saboreas cada sorbo hasta que se agota tu taza y te calma, pero al terminar aún lo deseas y ese deseo te hace sentir enérgico.

Desde el patio trasero de un amigo donde tomaba el café, la vi por primera vez. Tenía su atuendo de diario, largo vestido y descalza, en su pelo dos largas trenzas, de piel trigueña y complexión delgada. Cada vez que pienso en la palabra belleza imagino su rostro.

Le dirigí la mirada y no sé si me miró, quizás lo hizo cuando volteaba a ver a otro lado. Estaba tendiendo en los cordeles muy concentrada la ropa que lavaba, su pequeño labio superior lo guardaba debajo del inferior, el que yo con cada sorbo de café saboreaba.

Todos los días pasaba a tomar una taza de café donde mi amigo y el hábito de salir al patio trasero para deleitarme al tomarlo se hizo costumbre, el día que no pasaba se me echaba de menos los cuales eran pocos, sin embargo, los días que no la veía eran muchos. No sé si por timidez o por respeto, no le hablaba, solo la veía de lejos y mi corazón se regocijaba con eso.

Un día su madre le mandó un recado con ella a la madre de mí amigo y como estaba solo en el patio me lo entregó para que se lo diese. Fue la primera vez que escuché su voz, era tan sublime que me hechizó dejándome inmóvil como una estatua, su tono leve, la manera como articulaba con una dicción fantástica y pausada de joven de escuela.

Al estar tan cerca noté rasgos en su belleza que no había podido apreciar; su nariz perfilada, su sonrisa blanca de dientes grandes y derechos, y esos hoyuelos que aparecían al lado de la comisura de su boca, noté algunas cuantas pequitas que adornaban su semblante y un lunar pequeño en un lado de su nariz que hacía juego con ellas, vi sus ojos color de miel que brillaban a la luz del sol.

Me quedé sin aliento, escuchaba la nota más majestuosa que mis oídos habían podido escuchar y hasta hoy no he escuchado otro sonido capaz de detener el tiempo como ese de aquel día.

Al regresar la madre de mi amigo tuve que volver donde aquella joven para que nuevamente me diera el recado que le había dejado, pues lo había olvidado o en realidad nunca lo recibí porque mis oídos se concentraron en escuchar la melodía que transmitía dejando sin efecto sus palabras.

Entré por la puerta trasera, estaba sola en la cocina mientras sus hermanitos jugaban en la sala, mi corazón latía tan rápido que me faltaba el aliento, no sabía cómo empezar a hablarle, pero ella sonrió al verme y me dijo hola, de la misma manera le conteste y sin vacilar le pedí que me repitiera el recado, esta vez lo memoricé, claro.

Le pregunté su nombre, Esmeralda contesto, le dije que el mío era Juan. Mi ritmo cardiaco disminuyó, fui ganando confianza y entre la conversación le dije:

—Espero no ofender con mis palabras y que tome lo que le diré como un cumplido. "Entre todas las cosas que mis ojos han visto, nada me ha cautivado como su esplendida belleza, usted ha robado la admiración de mis ojos todas las mañanas que preciso verla, mi tiempo y mi calma le pertenecen aún sin pretenderlo".

Suspiré profundo mientras la veía directamente a sus ojos de miel, su expresión de mona lisa se quedó fija mientras me acercaba a su rostro, le tomé una mano, mi corazón se aceleró nuevamente, mi respiración era agitada, cerré los ojos y mis labios tocaron sutilmente los suyos hasta que instintivamente probé el sabor de mi primer beso.

La textura suave en mis labios, tan exquisito sabor que succionaba lentamente y el deleite que venía de lo más bello que ni en mis pensamientos podía imaginar. Sobraban las palabras y tan solo nos admiramos mutuamente hasta que me despedí con un nos vemos y un beso en la mejilla, caminando de espalda para admirarla lo más que pudiera hasta que di la vuelta.

No dijo nada en ningún momento, solo sonreía, tal vez las palabras que pronuncié la inmovilizaron, la conquisté cuando habló mi corazón, o tal vez ella también me admiraba y esperaba ese momento, la curiosidad por ese instante me llega ahora, no sé cómo, ni por qué, pero sucedió.

Regresé a mi casa contento, lleno de alegría, le conté a mi madre que tenía novia, ella sonrió y me dijo:

—Debes tratarla como a una reina.

Yo sonreí y le dije:

—No Mami, nunca. Será como a una princesa porque mi reina es usted —me abrazó diciéndome te adoro mi principito entonces salí hacer mi tarea, recolectar la leña para el fogón.

Después de la escuela, que era en una enramada cerca de casa y usábamos cuadernos improvisados hechos con papel de colmado cortados a tijeras y cocido con hilo de saco, pasaba por la casa de Ramón, un señor mayor con miles de historias que contar, casi todas inventadas y de fantasías sin ninguna base, pero su manera de narrarlas era tan fascinante que te entretenían por horas.

Era una casa gigante con muchas habitaciones, podías perderte si no la conocías, al menos eso pensaba en ese entonces. El estaba ciego pero era tan grande el respeto que le debían sus hijos y su esposa, que todo lo pedía por favor y se hacía como una orden, pero siempre daba las gracias.

Me contaba de revoluciones, de conflictos, de luchas. Y decía: "Ahora hacen falta unos cuantos hombres como yo cuando era joven".

A causa de la muerte de un dictador, que ejercía el poder aún sin estar en la presidencia, por veinte años, endeudando el país y causando pesares a los comerciantes quienes conspiraron para su asesinato, en seis años hubo cuatro revoluciones y cinco presidentes diferentes, con el ambiente de rebeldía que se adueñaba del país hubo la necesidad de que naciones extranjeras intervinieran.

Las luchas constantes de ideales diferentes sumergió la nación en un caos de incertidumbre al punto que se llevó a cabo una intervención del monstruo más grande y aplastante de naciones, un gobierno donde el juego de la guerra era su política y su principal herramienta de apoderarse de los recursos de otras naciones más débiles.

Aunque el pretexto de la intervención era que necesitábamos ayuda, nos quitaron la soberanía luego que se promulgó una ley que pedía título de propiedad de tierra a los campesinos los cuales no poseían y por ende tomaron las armas y comenzaron las guerras de guerrillas. Como legado a esta ocupación extranjera resultó el cuerpo de policía, el cual fue el vínculo de ascenso del dictador más ruin que nos gobernaba.

No entendía mucho sobre todo lo que contaba, pero de igual modo lo disfrutaba. Tenía ocho hijos y hubieran sido once si no se hubieran muerto tres antes de nacer. Le mandaba castaña hervida a mami, que caían de un gran árbol que había en su patio, me encantaban, también le mandaba buenpan para la cena que son las mismas castañas antes de llegar a su madurez.

Mis días eran felices y sin preocupación (no entiendo porque los jóvenes de hoy se quejan si tienen mucho más de lo que teníamos en ese entonces), podíamos disfrutar de todo lo que nos rodeaba. La pesca en el río, pasarnos todo el día nadando, salir por los montes en busca de guayabas, llegar con un saco lleno de mangos, volar chichigua, jugar canicas… Suspiro de anhelo por esos recuerdos.

¿Será que la ingenuidad de los jóvenes de esos años tiene más valor que el desarrollo de la tecnología en la actualidad, la explotación del capitalismo y el mercadeo del consumismo, el gran auge de la telecomunicación y el aislamiento social, la vanidad y la inseguridad, el descuido de los recursos naturales? Cuando en días de calor nos pasábamos las noches en pantalones cortos y sin camisas tocando tamboras y güiras hasta que la noche se refrescara y poder entrar a nuestras humildes casas para dormir.

No todos los días podía estar con Esmeralda, sin embargo, cuando lo hacía eran exquisitos esos momentos, estaba enamorado de su compañía. Se volvió mi costumbre pasar por las mañanas a tomar el café e intentar precisar verla, aunque cuando la casualidad estaba a mi favor solo nos sonreíamos, guardaba el respeto y la distancia para no distraerle de sus tareas ya que sus padres habían dado el consentimiento de nuestro noviazgo y establecieron días específicos para visitarla y compartir algunos momentos, fuera del que correspondía a sus estudios.

Salíamos a caminar tomados de las manos, recuerdo que nos sentábamos en un tronco de Gina que creció curvado y tenia forma de lomo de caballo gigantesco y fácil de trepar, mientras nos inventábamos un mundo de nuestras vidas, miles de exclamaciones para expresarnos nuestro cariño. Quizás como sería nuestra boda, como seríamos cuando fuéramos adultos, cuántos hijos tendríamos y el *nombre que le daríamos a cada uno, donde construiríamos nuestro hogar, como serian las habitaciones y como nos divertiríamos en familia, juntos, siempre.*

Nos saludábamos con un beso en la mejilla y solo probaba el sabor de sus labios cuando regresábamos a la casa. No teníamos la necesidad de la morbosidad, bastaba con estar juntos disfrutando de nuestra gran imaginación.

Mi madre visitaba su casa para comer un día a la semana, llevaba torta de maíz que le quedaba riquísima, con mucha leche fresca, cocida en las tres piedras del fogón ardiendo con leña. Esos tiempos... Dios cuanto se extraña.

Luis lucia admirado y sorprendido con mis palabras por la impresión que tenia de mí, no se imaginaba que tenía una historia tan fascinante para conmigo, se notaba la curiosidad en su rostro perplejo, además de que el nombre de su abuela no era Esmeralda.

—Papá no esperaba que tuviera una forma tan interesante de narrar —me dijo Luis— Menos esperaba que conservara recuerdos tan esplendidos en su memoria. Estoy verdaderamente asombrado y lleno de curiosidad por seguir escuchándole, casi las únicas palabras que había escuchado de usted han sido "Dios te bendiga mi niño" después que le pido la bendición cuando mi madre suele llamar por teléfono para preguntar por su salud.

Extraño y sin poder externarlo Luis sentía lástima por mí a consecuencia de aquel hecho que ocurrió cuando solo era un pequeñito.

—Le traeré un poco de agua Papá —me dijo.

—Con un chin de Ron por favor —agregué.

Asienta con una sonrisa como diciendo: regreso de inmediato.

Luis al regresar con el vaso de ron diluido en agua, me dice:

—Hoy en día esos noviazgos no existen, ya no contamos con la imaginación para enamorarnos, todo no los enseña la televisión, la radio, y los medios, orillándonos a ser más despiertos y a sentir deseos fuertes de lujuria a edades muy tempranas. La curiosidad de experimentar esos placeres banales se ha hecho más grande que la sensación del sentimiento de que no tiene explicación lógica a lo que nombramos amor. Debería sentir lastimas por nosotros los de esta época, rodeados de enormes muros y enormes logros de la humanidad, en cambio usted era feliz en su casita de yagua. Hoy necesitamos sentir lo que con el tiempo se ha perdido, puedo ver el río que describe lleno de basura, los montes sustituidos por asfalto y concreto donde habitamos más personas y carecemos de amigos. Tantas personas de las cuales prefieres alejarte antes de compartir con ellas, egoísmo, vanidad y avaricia son tan solo una parte de la gran cantidad de antivalores que nos abruma. Respiramos más contaminación que aire limpio y en vez de buscar la manera de remediar eso nos hacemos parte del problema, lamento mucho no poder cambiar el mundo con mis ideales. No sé como alzar mi voz para que se escuche tan alto que todos la oigan, siendo realista sé que con que la oigan no será suficiente.

Sonriendo contesté:

—Mi niño descuida, eres el ejemplo de que estas equivocado, aun quedan personas con interés de preservar este mundo, como tú. Sí los adelantos científicos no se usan podemos ser depredadores más agresivos de nuestros recursos, agotándolos aún más rápido y de una manera desequilibrada. Nuestros vecinos por falta de educación y tecnología han convertido a su país en un desierto. Tu idea en realidad no es tuya, hay muchos que piensan como tú al respecto, pero una idea que no se convierta en hecho siempre será una idea. No obstante, una idea, buena o mala que pueda esparcirse e influenciar a los demás hasta convertirse en una religión, en una forma de vivir, o adoptarse como un sistema, no depende de la idea en sí misma, ni siquiera de quienes le dieron origen. La implementación de una idea depende de un líder, alguien que tenga el don de persuadir masas para poder convertir esa idea en un ideal.

Lástima que muchas veces, en la historia de la humanidad, esos líderes no siempre han tenido la intención de materializar buenas ideas. Hay ideas tan nefastas que son el gatillo de muertes en masa, creadoras de guerras y conflictos a gran escala, hay otras que debemos dar gracias por su propagación porque parte de lo bueno que tenemos hoy en día se lo debemos a esa persona que pudo propagar la idea del amor y la fe. Aunque hay una idea opuesta que causa terror con actos terribles, mandatos crueles y falta de respeto a la vida de los demás. Un hombre que gobernó nuestro país tenía un ideal político y militar, pero era tan grande su adicción al poder que creó un precedente de tiranía y aunque muchos años después alguien diferente ocupo la presidencia con una idea que iba al revés. El caos de cambiar ese precedente fue terrible, pero el equilibrio podía recuperarse con esas nuevas ideas. Lástima que solo duró seis meses en el poder.

—Conozco bien esa historia papá —respondió Luis— La verdad no quisiera que me hable de política. Dígame de Esmeralda. ¿Qué pasó luego?

Con un largo suspiro comencé a relatar nuevamente.

Ella fue el principio de una experiencia, una lección de vida. A veces la inocencia de un amor es corrompida por la realidad, pues en esa época la fuerza de trabajo se concentraba en tareas de campo, cosechas y crías de animales. Se vendían productos agrícolas como el café, tabaco y cacao en grandes cantidades, pero a precio muy bajo. El arroz se producía en demasía y la demanda era buena pero la producción era mucho más grande que la demanda. Una persona con deseos de superación no debía quedarse en el campo. En tanto que en la capital se desarrollaban las grandes construcciones, el comercio y el consumismo se vestía de gala, haciendo pensar que lo necesario era lucir igual que todos los demás para encajar, descuidando lo que realmente importa.

El padre de Esmeralda tuvo la idea de que en la capital podía despegar su desarrollo económico. Más fuentes de empleo, desarrollo intelectual para sus hijos y estar más cerca de los avances tecnológicos que aquí no podían adquirir. Él no tenía más parientes en el pueblo, entonces no tenía nada que dejar atrás.

Su deseo era el de poder trabajar duro, ganando bien y poner un colmado para vivir de él. Mientras sus hijos incluyendo a Esmeralda, se hicieran profesionales porque la educación de aquí era pésima en ese entonces, el joven que quería llegar a algo en los estudios tenía que fajarse mucho, luego ver cómo se las ingeniaba en la capital para obtener una buena profesión universitaria. Lo lógico era que si su familia hacía su vida allá se haría más fácil adquirir esa educación. En conclusión, lo mejor era emigrar.

Cuando Esmeralda me explicó eso en nuestro tronco del árbol donde nos sentábamos a dibujar el mundo perfecto que nuestra imaginación nos permitía recrear con palabras, convirtiéndose en nuestro juego favorito, nuestros ojos se nublaron como el cielo se pone negro y oscuro anunciando un aguacero, igual que cómo cae el agua de las nubes de nuestros ojos no paraban de brotar lágrimas que corrían por las mejillas descansando en las barbillas, quitaba las mías con una manga de mi camisa y las de ella se la quitaba con una sutil caricia.

Me explicaba la idea de su padre con palabras cortadas y sollozando mientras jadeaba. Yo lloraba y me preguntaba, ¿qué pasará ahora? Ella se despidió de mí como un treinta y uno de diciembre se despide para dar paso a un año nuevo, sabiendo que nunca regresaría. Ese día fue el primer y único día que me besó delante de sus padres cuando la acompañé a su casa. Fue inesperado, suave y profundo, el beso de la despedida, el último beso que se graba en tu memoria como una cicatriz cuando ya no duele la herida, pero está ahí siempre, recordando cuanto dolió.

Al besarme cerré los ojos, perdí mis sentidos, mis pensamientos se tornaron blancos y el resto del mundo desapareció, tan solo existía la textura de ese beso. Pensándolo bien hasta yo desaparecí quedando el mundo desolado hasta que se apartó de mí diciéndome en susurro su adiós, acariciando mis orejas con sus labios.

Llorando y corriendo se retiró a su habitación. Mire el rostro de sus padres que estaban ahí, sin palabras. Su madre se dio la vuelta y se fue a la cocina, en cambio su padre se despidió inflando la parte debajo de su labio inferior y alzando sus cejas. Me di la vuelta sin mediar palabras, no me explicaba que había pasado, no hubo preguntas, ni sentimientos, no hubo dolor, solo confusión.

El camino hacia mi casa parecía eterno, mis pies me llevaban porque mi existencia no la sentía en el espacio ni en el tiempo. Tristeza, es posible que esa sea la definición correcta de esos momentos, pero no comparto la idea porque la tristeza vino después cuando visité a mi amigo donde la veía desde el patio de atrás mientras disfrutaba del café y vi su casa cerrada, sabiendo que estaba vacía esperaba que Esmeralda saliera para dejarse ver, y lo único que me acompañaba era el dulce canto de las ciguas palmeras.

No comía ni mis comidas favoritas, ni las castañas que le enviaban a mami, las noches eran eternas y el sueño no se apiadaba de mi, me sentía solo rodeado de mucha gente, la sonrisa desapareció y lo divertido se convirtió en estúpido, las palabras de todos carecían de sentido y el viento ejercía más control en mi cuerpo que yo mismo.

Nunca volví a verla ni a saber de ella, como la comunicación no tenía el auge que ahora, la vida nos creó un mundo diferente para cada uno. Esmeralda representa los momentos más hermosos que pude experimentar en un lapso de mi trayecto en el mundo porque el futuro me guardaba unas experiencias que nunca pensé vivir.

Pasaron los segundos, convirtiéndose en minutos, en horas, luego días, meses y años. En uno de esos años hubo una tormenta que produjo días sin sol y nada más que lluvia, tanta que nuestro preciado río se convirtió en un temible monstruo alcanzando niveles muy altos, algunas calles se convirtieron en parte de él y con su paso se llevó muchas casas, causó derrumbes y tuvimos que refugiarnos en lugares seguros.

En el trajín de las inundaciones la mayoría se refugió en la iglesia, habían sollozos terribles, algunos aclamaban ayuda para que le dieran información de otra persona. Mi mente enarbolaba, pero no tenía ninguna preocupación, mi madre, mi mundo estaba ahí a mi lado. Nosotros casi no perdimos nada porque de hecho teníamos poco ajuar, pero hubo quienes perdieron todo y otros perdieron más que todo.

Las inundaciones tuvieron como secuela una gran cifra de desaparecidos. En el barrio, dos o tres, pero entre esos estaba alguien a quien conocí. Fue la primera vez que alguien se desvanecía de este mundo para mi, era un compañero de ocio, uno de nuestra pandilla si se puede decir así, con quien jugábamos en el río, nos acompañaba de camino hacia la escuela y de regreso, jugaba con las canicas, al topado, al pañuelo, la gallinita ciega, alguien a quien conocí desde que tenía uso de razón y veía todos los días.

La verdad no sentía tristeza porque pensaba que él estaba perdido, recorriendo el camino de regreso a casa y cada día que pasaba tenía la expectativa de que estaba bien, muy lejos y por eso tardaba tanto en regresar, pero estaba en camino.

En medio de la consternación causada por ese infortunio, en una respuesta al dolor de los afectados el Estado les devolvió una chispa de seguridad y confianza, construyendo sus casas y distribuyendo los terrenos que se entendía que el río no volvería a dañar.

Se levantó un muro de contención para evitar algo parecido a esa inundación y se desvió unos metros su caudal para brindar más seguridad. Las tierras nuevas eran bastas y hasta mi madre toco un pedacito del pastel, gracias a las gestiones de los Gonzáles, a quienes agradecimos siempre, por ellos pudimos contar con una buena casa.

Los procesos de construcción se efectuaron eficazmente y la evolución del barrio se notaba ampliamente. Muy pronto teníamos vecinos nuevos, algunas familias vendieron sus buenas casas para ir a hacer sus casitas a la orilla del río porque necesitaban dinero. El barrio se dividió en dos, los de delante y aquellos de atrás. Los de adelante gozábamos de asfalto y aceras, los de atrás de callejones y el peligro de estar más cerca del caudal. Mi madre no vendió porque decía que eso era lo que siempre había anhelado y nunca pensó que se podía hacer realidad.

La última vez que le pregunté a mi madre por mi amigo desaparecido, ella me respondió con una pregunta.

— ¿Crees que existe la posibilidad de que regrese?

— La verdad no, —respondí— Solo pregunto para el consuelo de mis penas, lo extrañamos mucho.

Pienso en el dolor de sus padres. Me imagino que piensan que un día regresará, tocará la puerta y dirá hola. Le recibirían con un fuerte abrazo y muchas lágrimas de felicidad. Ellos siempre tendrán la esperanza porque no vieron su cuerpo.

Es más triste para quienes no tenemos esperanza de volver a encontrar a un ser amado a quien no despedimos, aunque las despedidas son muy dolorosas brindan un sentimiento de conformidad para la resignación de una pérdida.

Mucho después entendí que la esperanza es el motor de cada suspiro de vida. El dolor de la ausencia de su hijo era consolado por aquella ilusión. ¿Qué tal si está vivo, extraviado o perdió la memoria por algún golpe? Muchas otras esperanzas impuestas por la imaginación para el consuelo de tal dolor, ese dolor que desgarra el alma tan fuerte que piensas que tu cuerpo se deshace y no quieres hacer nada para evitarlo, solo dejar de sentir impotencia, y las ansias de reclamarle a Dios el porqué de tal calvario deseando haber muerto antes de pasar por esta experiencia.

— ¡Lo dice por mi padre, ¿verdad?! —exclamó Luis sin esperar una respuesta.

Mis lágrimas empezaron a salir lentamente recorriendo mi rostro arrugado.

— ¡Perdón Papá! ¡Lo siento mucho! —dice Luis mientras limpiaba con una servilleta el rostro de su abuelo las lágrimas por el dolor del recuerdo de aquella herida punzante que nunca cicatriza.

— La primera vez que vi un cadáver fue el del viejo Ramón, —dijo Don Juan —estaba ahí postrado en su féretro encogido, más pequeño que nunca, lo velaron en su casa. A la edad que tenía cuando ocurrió no veía la casa tan grande como antes, los espacios diferían a lo que pensaba cuando era más chico. Choqué con la realidad, en mi conciencia no sentía aflicción, esa angustia era ajena, no obstante, llegué a la conclusión que ese es el final de cada persona y es lo único seguro con lo que se puede contar, y puede llegar repentinamente o con antelación, pero llegará. Mientras vivas conocerás personas a quienes apreciaras y lamentablemente veras fallecer, otras te verán fallecer a ti, el orden de como la muerte nos llega no obedece un orden lógico. Llega y nos elige sin pedir permiso.

ENRIQUE

Al pasar la mañana de ese día, llego a casa para el almuerzo, la mañana transcurrió sin ninguna novedad, de esas que se olvidan y no dejan rastro de que pasaron. Saludé como es costumbre, pido la bendición de mi padre y me lavo las manos, invito a todos a que pasen a la mesa preparada por Rosa con antelación. Reunidos doy las gracias a Dios de una manera no especial, solo diciendo gracias Dios, derrama tu bendición sobre nosotros y estos alimentos, amén.

Luego del almuerzo me levanto para dirigirme a mi habitación y acostarme unos minutos antes de regresar al trabajo como es mi costumbre. Ese día Luis me siguió, ambos en la habitación me dijo:

— Tío, quiero saber sobre mi padre. Sé que no le gusta hablar de él por Papá, pero tengo derecho a saber.

Con una sonrisa pícara le contesto:

— Claro, es tiempo de que sepas de tu padre.

Déjame descansar un rato y cuando regrese del trabajo te invito a cenar y compartimos un trago.

Asentando con un movimiento de cabeza, pidió permiso y la bendición. Dios te bendiga, le respondí. La tarde pasó al igual que la mañana, mi esposa se quedó en la casa haciéndole compañía a mi sobrino Luis.

Al volver saludo y le digo a Luis que comenzara a prepararse para salir. Veo a mi hijo, la razón de mi vivir, lo cargo entre mis brazos y le regalo sonrisas y una carcajada, el pequeño no aguantaba la felicidad de ver a su padre de vuelta, reía de regocijo y su alegría iluminaba todo el lugar, tomé a mi esposa de la cintura y la beso como si hacía años que no la veía, ella se sonrojó. Luis también sonrío al ver esa muestra de felicidad fugaz.

Bajé las escaleras con un pantalón gris de lana, una camisa negra de algodón, unos zapatos de vestir color caramelo, una correa fina del mismo color con una hebilla dorada brillante que hacía juego con mi anillo de graduación de ingeniería civil y un reloj dorado que también brillaba en mi muñeca.

En la otra mano mi anillo de compromiso en oro blanco. Nos despedimos de mi esposa, de mi hijo y mi padre. En el camino no pronunciamos palabra alguna, nada más se escuchó la música del auto hasta que llegamos en horas tempranas de la noche al restaurante, nos sentamos en una mesa y pido un poco de pan para hacer algo de estómago, seguido de un trago de vodka con limón servido sobre hielo, Luis pidió lo mismo. Cuando el mesero regresó con los tragos, ordenamos lo que apetecíamos para comer.

Luego de un par de sorbos y un breve momento de silencio. Comencé a hablar:

— *¿Sabes? No era unos cuatro años mayor de edad de lo que eres ahora cuando tu padre Emmanuel partió. No siempre fui el tipo tranquilo que soy, era más bien un ciclón, terremoto o un tsunami, pensándolo bien en ese entonces era los tres en una sola persona. Poco hablamos de tu padre porque es muy doloroso hablar de él, para el mio escuchar de Emmanuel es como incitarlo al llanto y cómo ves, él es alguien que hasta con su silencio inspira respeto, el amor se desborda de su esencia. Causarle cualquier dolor es un martirio para mí. Tu padre era mi mejor amigo, quien* me cubría la espalda y daba la cara por mí en cada problema en el que estaba envuelto.

Me encantaba el alcohol y todo el mundo me peleaba en la casa porque llegaba a media noche, descuidaba mis estudios y demás. En cambio, tu padre, al día siguiente, se acercaba a mí y me preguntaba: — ¿Qué hiciste anoche? — y con lujo de detalle le contaba. El se sentía muy contento con esas pequeñas historias, me admiraba porque yo hacía todo lo que le gustaría hacer y no se atrevía. Lo admiraba por su serenidad, siempre pensaba en los demás antes de hacer algo. Para muchos él era el preferido de mis padres, pero sabíamos que nos querían igual. Solo que cuando ellos querían acercarse a mí, yo no estaba. En cambio, él programaba todas sus actividades pasando tiempo en familia.

Era el mejor en su clase, su prioridad era estudiar, a tal punto que papi le decía de vez en cuando que tomara un receso porque iba a parar en loco. Él en cambio seguía.

Una vez se acercó y me preguntó: ¿Qué es lo correcto? No sabía que responderle.

Respondió: Son las cadenas que atan mi mente a un ideal que no es mi propósito, saber qué es lo correcto es una interrogante que suprime tu felicidad ahogándote en un mar de dudas mientras recorres el camino, es una lucha constante entre la opción de poder decidir y no saber qué decisión tomar, la incertidumbre de que mañana no sabes si será o no la mejor decisión y muchas veces lo que piensas que es correcto duele tanto que prefieres que no exista la realidad y que el presente sea todo el momento, que hoy no se convierta en el ayer, pero sabes que mañana será hoy cuando se inaugura otro amanecer.

No entendía que quería decir, siempre actuaba por impulso.

Se graduó de ingeniero civil y tuvo un despacho, mi madre enfermó y mi padre ya no podía conducir por su ceguera parcial.

Mi hermano nunca pensaba en él, pensaba en todos los demás. El cargó con la responsabilidad económica de la familia y le iba muy bien. Las oportunidades le llegaban y las aprovechaba porque estaba preparado. A veces me decía que haber pasado tantos momentos devorando libros le hacía pensar que los demás eran estúpidos, porque cuando iban a él con un gran problema encontraba la solución de manera sencilla.

Tu padre conoció a tu madre Amelia, una joven muy inteligente con quien se sentía cómodo para platicar.

Ellos se sumergían en un mundo en el cual solamente existían ellos dos. Había veces que uno empezaba una frase y el otro la terminaba, salían a cenar a lugares tranquilos, disfrutaban de las mismas películas en el cine y nunca peleaban. El era tan feliz, diciendo incluso que, al conocerla, había conocido la felicidad. Esa felicidad lo inspiraba a crear los más lindos detalles que enloquecerían a cualquier mujer. Ella se enamoró perdidamente del hombre perfecto que disfrutaba enamorarla cada día y él encontró la mujer perfecta quien lo inspiraba.

Tu madre y Emmanuel se casaron un sábado, ella parecía una princesa de cuentos de hadas envuelta en su vestido blanco y él en un traje de gala que mandó a confeccionar a su medida exclusivamente para ese evento. El salón donde celebraron la boda no podía verse más radiante, había más personas que en un partido de pelota. Ella caminaba entre los presentes al ritmo de la nota nupcial, él tenía una sonrisa que pensamos que se le quedaría permanente. Cuando llegó al altar y dijo sus votos, no faltó a quien le salieran las lágrimas. Esa unión fue el ejemplo irrefutable de que el amor de pareja existe. Después de los sí y el beso público que cierra la ceremonia, ellos salieron del salón. Los acomodadores ordenaron las sillas que estaban en fila, colocaron algunas mesas y organizaron a los invitados de tal manera que parecía una discoteca, entró un disyóquey, empezó con música movida en la pista que se formó, apareció un grupo de baile de merengue y arrancó la fiesta con un gran show profesional. En una pequeña tarima que habían improvisado se presentó un grupo de merengue típico. Los presentes quedaron perplejos. Los novios llegaron con ropa cómoda, todo el mundo comenzó a bailar, el ron en las mesas y los mozos sirviendo cerveza.

Todo se realizó en un solo lugar, no había espacio para el desborde de tanta magia, risas y alegría.

¡Sabes, en el amor no me fue tan bien!

— Pero estas casado y tienes un pequeño hijo hermoso — alegó Luis.

Con una leve sonrisa continué.

— Regularmente siempre vemos un lado de la moneda. En esa época podía coquetear con cualquier chica y mientras más cortejaba más era la posibilidad de salir airoso con mi conquista.

Adoraba las relaciones de solo una noche, muchas veces era el cazador que devoraba sin pensar a su presa, si era muy ingenua me disfrazaba de cordero. Las mentiras y las palabras bonitas no faltaban y al no extender la relación no tenía que dar explicación, solo desaparecía como mago en su acto. Nunca pensaba como se sentía ella, si sus expectativas eran algo más de lo que pasaba o si se sentía satisfecha de cómo pasó.

Un día conocí a Anny, la mujer que se apoderó de todos mis sentidos, a quien le entregaría mi corazón. Fue en un velatorio cuando acompañé a un amigo a darle el pésame a un pariente a quien yo no conocía, ella acompañó a un amigo a darle el pésame a otro amigo. Estábamos ahí, con caras desconcertadas viendo un dolor ajeno de una pérdida de quien no conocíamos. Me le acerqué con intenciones sinceras de aplacar un poco el aburrimiento. Ella no era tan hermosa de acuerdo con los estándares que el mercado estaba vendiendo en las revistas, la televisión y el cine de rostros dibujados con maquillajes y cuerpos esculpidos con bisturís. Pero con una sonrisa me hipnotizó, era el atuendo más hermoso que le observé, ella me dijo un chiste en medio de todo el mundo y tuve que disimular la risa con tos.

Nos citamos para el fin de semana con intenciones de seguir platicando y disfrutar de su gran sentido de humor. Sentía un gran espíritu de curiosidad por lo que podía venir dentro de una conversación, se disfruta como un buen vino, para los que saben de vino, yo no, soy de los que toman Carlos Rossi, pienso que debe ser tan exquisito como una buena conversación. Llegó el día de la cita, fuimos a un bar, pero ella no tomaba, así que nos movimos para ir a cenar.

Entre relajos y anécdotas graciosas me contó que estuvo casada y como fruto de esa unión resultó su hija. Pensé, bueno, solo estamos platicando e hice de cuenta que no me importaba, pensé en que podíamos hacernos el favor de pasar un buen rato y cada uno para su casa a seguir con nuestras vidas por separado. Después de tantas risas ya que nada la hacía sentir mal, jugamos con sarcasmos hasta terminar la cena. la llevé a su apartamento. Su hija no estaba, la había dejado con una prima para poder salir sin preocupación.

Me invitó a pasar y acepté. Al cerrar la puerta se quebró mi conciencia y sin saber cómo, mis labios estaban juntos a los suyos. De repente estaba en su cama y sin ropa. Cuando regresó mi cordura ella estaba ahí durmiendo de lado dándome la espalda. Pensé en levantarme ponerme la ropa e irme. No pude, se sentía tan reconfortante acariciar su cuerpo desnudo, su piel fresca y suave, los bellos finos de su nuca que se deslizaban con mi mirada en forma de pluma por la columna vertebral, no pude dejar de admirarla hasta que me dejé ganar por mis parpados que poco a poco se cerraron.

Cuando los volví a abrir era ella quien no estaba, me sentí algo aturdido, hasta que escuché un pequeño ruido en su comedor, me acerqué cubierto con las sábanas, ella estaba preparando la mesa para el desayuno, me sonrió y se acercó con una taza de café. Me llevó al baño, me puso un cepillo de dientes nuevo y una toalla seca. Me tomé el café, bañé y lavé mis dientes, disfruté el desayuno con el hermoso sonido del silencio y sin decir ni una palabra de nada de lo que pasó la noche anterior, me dio un beso tierno y sin despedirnos me paré de la mesa, caminé hacia la puerta, ella caminó detrás de mí y en cuanto crucé hacia afuera, cerró la puerta y partí, a mis espaldas escuché que me llamó, se te olvidó algo, me dijo. Regresé hasta ella y me besó en la boca. Ahora si vas completo, me dijo, y esta vez se quedó en el marco de la puerta esperando que desapareciera en el horizonte.

Ese día estuve en mi casa en todo momento compartiendo en familia como todos los domingos, una comida exquisita de mi madre y un sonido de risas adornaban el ambiente, a mí no dejaban de preguntarme que me pasaba. Mi mirada perdida y mi mente volando como hoja de papel dejada caer desde alto hacia el vacío, marioneta del viento y del tiempo, mi cuerpo recordando la sensación de esa noche maravillosa e inverosímil. Estaba loco por llamarla, pero no encontraba las palabras que debería decir, incluso practicaba frente el espejo la conversación que tendría con ella y al final de cada conversación que simulaba, pensaba que me escuchaba como un tonto. Me cuestionaba ¿Dónde está el casanova? — ¿Qué cómico verdad? —.

La semana se me fue en suspiro hasta que llegó el sábado otra vez. En la tarde la llamé y lo único que dije fue: "Quiero verte". Ella respondió: Estoy en mi apartamento, ven. Me arreglé y salí corriendo para allá.

Cuando llegué, solo le di la oportunidad de abrir la puerta. La cual azoté desde que pisé dentro. La tomé fuerte en mis brazos, un desborde de pasión me invadió y con la misma energía que salía de mi cuerpo ella correspondía. No necesitamos palabras, había una conexión casi divina. Sin darnos cuenta estábamos en la habitación sin ropa y lo demás te lo puedes imaginar. Lo único que puedo agregar es que nunca me sentí tan exhausto en toda mi vida.

Me censuré para no darle más detalles a Luis, el mesero llegó con la cena, en ese instante aproveché el momento de *comer en silencio para recrear en mi mente lo que ocurrió esa noche en la que guardaba en mí tanto deseo por saciar que podía estallar.*

Ese sábado cuando llegué a su casa y la vi, quise desprenderme de mi pasión al instante, pero ella me domó como potro salvaje, hasta que me tranquilicé. Ella me comenzó a controlar despacio con besos pausados en intervalos cortos de tiempo, me llevó a la habitación y me quito la ropa dejándome en calzoncillos, cuando ella sintió que estaba totalmente tranquilo me dejó tomar el control. Comencé a besarla igual como ella me besaba, me esperó bien arreglada y pude contemplar que tan hermosa lucía, la besé en la boca y en las mejillas. Luego cerré los ojos, respiré profundo, con toda la calma del mundo y paciencia, aspiré su aroma, nos sentamos en un lado de la cama y con mucha sutileza proseguí besando su cuello.

Llevaba un vestido largo de color verde, estampado con rosas negras, no sabía de qué tipo de tela, mi tacto recuerda que era muy suave tanto como su piel. Con mis manos empecé a quitarlo desde el hombro mientras que con mis labios dibujaba su piel con besos impregnando su sabor en mi mente, creando este recuerdo como una gran obra de arte, ella era un lienzo en blanco para un pintor inspirado, mientras mis manos y labios eran el pincel, la pasión que se impulsaba con cada latido de mi corazón era la pintura con que crearía.

Retirando su vestido hacia abajo quedando hasta la cintura porque aún estábamos sentados, aprecié un sostén negro, luego la abracé para intentar desabrocharlo por su espalda, lo conseguí dejando descubierto sus pechos, me deslumbró como la joya más hermosa que mis ojos habían visto, respiré profundo otra vez para aguantar los deseos, y los recorrí con mi pincel, ella respiraba profundamente de excitación y se movía con un baile de sirena muy lento.

La acosté en la cama, ella se levantó un poco para que pudiera deslizar el vestido por debajo de su cintura, mientras lo hacía besaba cada centímetro de su piel bajando por las piernas, hasta llegar a sus pies, para dejar caer el vestido al suelo, aún llevaba las zapatillas negras de plataforma alta y aproveché que estaba abajo para quitarlas, volví a subir con suaves carisias llegando a las caderas, sujeté sus tangas negras por los extremos laterales y las desplacé hacia abajo, ahora mientras veía, dejando al descubierto su sexo, tomé mi tiempo y con serenidad estable, besando sus muslos, llegué al cáliz de su ser, lo besé tranquilo y lentamente, ella *tomo mis manos llevándolas a sus pechos que sujeté sutil, pero fuertemente.*

Mientras la besaba entre sus piernas después de unos minutos, ella murió, subió al cielo, regresó y volvió a la vida, con gritos y gemidos que no podía controlar, su cuerpo estremeció y no dejaba de temblar, ella me tomó el rostro, llevó mis labios a los de ella, me dio la vuelta con la fuerza y el furor de sus deseos, quedando yo abajo, boca arriba.

Me removió rápidamente los calzoncillos, me introdujo dentro de ella, afincó sus manos en mis pectorales, y comenzó el baile de sirenas más rápido y con mucha energía, hasta que me llevó al mismo lugar que ella visitó, muriendo y reviviendo en un instante en un grito de liberación, exhaustos, ella se desplomó y su pelo le tapaba la cara, lo tomé y lo retiré con una caricia hacia detrás de sus orejas, mientras el tiempo se hacía cómplice y parecía avanzar como suero de miel, hasta que nos miramos a los ojos y al final el tiempo se detuvo sellando el momento perfecto convirtiéndolo en este recuerdo testigo de que he vivido.

Volví a la realidad encontrándose mi mente con mi cuerpo que estaba en el restaurante frente a mi sobrino, tomé un poco de mi trago y guardé silencio.

Al terminar ambos, el mesero se acercó y retiro los platos y prosigo el rumbo de mi relato Luis.

— *La rutina se convirtió en hacer algo diferente cada vez que nos veíamos. Todo marchaba bien para mí, hasta que descubrí que sus días no solo eran los que pasaba conmigo, que esos mismos días tenían más horas que aquellas en la que estábamos juntos.*

Un día la llamé y no contestó, me preocupó y seguí intentando con insistencia, hasta que contestó otra mujer, era su hermana. Me contó que ella estaba hospitalizada. ¿Dónde? Pregunté. Cuando me dijo el lugar salí sin excusas del trabajo para ir a verla.

Allá me encontré a su hermana a quien nunca había visto, y a su hija que conocía solo en fotos. Me presenté como su novio y para mi sorpresa ella me dijo que Anny no había platicado nada de mí.

Entendí que lo que pasaba en nuestra intimidad, nuestra relación, era un secreto, me sentí como un entretenimiento, alguien a quien utilizaba para liberar sus deseos.

Cuando entré a la habitación donde estaba interna, ella aún dormía, esperé a que despertara, unas largas e incomodas horas, donde estábamos los cuatro:

Anny, su hermana, su hija y yo. Me acerqué lo más que pude a ella mientras dormía, lleno de preocupación y sin saber qué hacer, más que estar ahí.

Cuando despertó, me dijo:

— Hola. ¿Qué tal?

Me reí y contesté muy calmado.

— Estoy bien, pero quien de seguro no está bien eres tú, ¿por qué no me llamaste? — pregunté.

— ¡Mira! ¿Estás jugando verdad? Ni loca te llamaría para que me veas así —contestó.

Sonreí un poco y me sorprendió que a pesar de las circunstancias aún expresara su sentido de humor.

— Me presenté como tu novio a tu hermana, a tu hija como un amigo. Espero no te moleste — le dije.

— No hay problema, pero no somos novios — me dijo y luego preguntó de manera sarcástica

— ¿Qué somos tú y yo?

— No sé, quiero ser tu novio. —contesté.

Ella sonriendo con su cara pálida y ojeras debajo de sus ojos hinchados reflejando su debilidad por la escasez de energía, un tono de voz que se perdía con el aire que respirábamos, sus labios resecos, somnolienta por los medicamentos

— *Aún no me lo has pedido* —me dijo. Reí mucho y luego le pedí que fuera mi novia sin muchos rodeos.

— *¿Quieres ser mi novia?*

— *Tengo que pensarlo* —contestó.

Sosteniendo mí mano volvió a dormir, y permaneció así durante las horas que estuve allí, me despedí de su hermana y su hija cuando expiró el tiempo que permitían la visita en el hospital. Llegué a casa, saludé a todos, tomé un baño y me eché a dormir sin cenar.

Al día siguiente le dieron de alta, me la pasé en su apartamento y dormí con ella y con la niña estando ahí por primera vez. Fue una mañana muy desconcertante, cuando no tenía más opción que verla, además explicarle que era el novio de su madre y que me quedé con ella para cuidarla. La niña se rio y dijo que no había problema.

Desayunamos juntos con un perturbador silencio que tuve que soportar.

Lo de Anny no era nada grave, se descuidó y tiene una extraña enfermedad que le produce anemia si no lleva una dieta adecuada, debe tomar suplementos para poder obtener el balance necesario en su sangre y no caer en lo que le produjo la hospitalización.

Tomó unos días de licencia médica y me quedé con ella, iba a mi casa a cambiarme y buscar la ropa del día siguiente y esa ropa se fue acumulando hasta que ya no era necesario tener que ir a buscar más. En esos días pude interactuar con su hija y ganarme su cariño, veía a sus parientes que iban de visita y socialicé con ellos. Al pasar el tiempo de su licencia médica antes de volver a su trabajo, estaba enamorado de su hija y me creía su padre, la confianza que me brindó su familia me hizo sentir parte de ellos también.

No me quería ir y salir de ese ambiente de redención, la responsabilidad de tomar el control de un hogar, cuidar y velar que Anny se alimente bien, inspirar con el ejemplo a una niña que le encantaba estar a mi lado, el deseo de regresar para sentir el cálido confort de la tranquilidad y la confianza de una relación, era un suspiro de paz. Felicidad, puede ser el concepto que abarque esa satisfacción.

Nuestros pasados parecían no importar hasta que después de un año de tanta felicidad ella quiso boicotear esa situación. No sé por qué al alcanzar el último peldaño de las necesidades surgen otras nuevas. El fantasma del futuro incierto empezó a perseguirla y el hecho de que sabía que la felicidad total no existe, que tan solo podemos vivir momentos agradables y de a poco acumulándolos todos los días haciendo que cada día sea lo más satisfactorio posible, y la suma de ellos nos puede acercar a la felicidad soñada.

Hacía unos días que la notaba fría y distante conmigo, no me explicaba que le pasaba, con su hija actuaba normal, pensé que estaba enferma nuevamente, le preguntaba que cómo se sentía y me contestaba únicamente: bien. Sentía que me encontraba en una madrugada de enero en las montañas de Constanza, estaba muy preocupado, la verdad asumí que estaba mal de salud y que no quería preocuparme, me aturdía que algo malo le podía ocurrir a quien se volvió la parte más importante de mi vida, sin planearlo, sin buscarlo, solo llegó como regalo que cayó del cielo.

Luego de unos días fue la primera y última vez que le levante el tono de voz, estábamos solos en casa, iba camino a la cocina y ella retornaba a la sala, nos encontramos frente a frente, cuando exploté y le grité:

— Dime qué pasa, maldita sea — bajé el tono de voz, a veces se cortaba por mi tristeza, controlando mi ira, intentando mantener la calma, proseguí— No soporto ignorar que pasa contigo, no sabes que es estar juntos y sentirme tan solo, siento que la distancia es de un continente de por medio aun teniéndote a mi lado, no sabes cómo me duele estar a centímetros de ti y no poder tocarte aunque *nuestra piel haga contacto de un momento por accidente, no sabes cómo duele que me prepares la comida, me sirvas y después te vayas a comer a otro lado. Por favor dime qué pasa. ¿Hay alguien más dueño de tus besos y tus deseos? ¿Ya no me amas?*

Por un momento me tragó la tierra, no debemos hacer preguntas cuyas respuestas no queremos escuchar, sea cual sea la respuesta necesitaba escucharla, no entiendo cómo podemos ser tan débiles, mientras la miraba esperando su reacción no pude contener mi llanto y comencé a llorar.

Ella no dijo nada y corriendo se lanzo a mí, me abrazó con tanta fuerza que me presionó los pulmones y me costaba respirar, me dijo uniéndose a mi llanto: ´´Claro que te amo´´, en el sofá que estaba cerca me hizo el amor como las primeras veces que lo hicimos, luego recostada en mi pecho inició a explicarme que sucedía.

Comenzó diciéndome:

— Claro que te amo, te amo demasiado, más de lo que he podido amar a un hombre en toda mi vida y eso me aterra, me aterra el hecho de que tienes en tus manos mi corazón y en cualquier momento puedes hacer algo que lo destroce.

El padre de mi hija era el novio perfecto de mi juventud, el chico malo, apuesto y elegante, muy divertido, me llevaba a pasear, me mostró lugares que no pensaba conocer, me hacia feliz con tan solo estar conmigo, al despedirme de él deseaba el próximo reencuentro, cada vez con más ansias.

Estar enamorada te hace estúpida, él tenía uno de los mejores empleos que cualquiera que conocía en ese entonces, se proponía una meta y la lograba, un día me dijo: ´´Nos casaremos en tal fecha´´, y ese día nos casamos. Sentía que me le debía a él por tanta felicidad que me brindaba. Sin embargo, no lo no lo conocía, nada más veía hasta donde mi vista alcanzaba y nunca cuestioné quien era él cuando no estaba conmigo.

Cuando comenzamos a vivir juntos como matrimonio, el cumplía con lo que sentía que era su obligación, yo era tan joven que aún estaba en secundaria, él me llevaba y me recogía a la escuela, a veces no podía porque el horario coincidía con su trabajo y mi padre lo hacía con gusto.

Salía de noche sin mí y nunca pasaba tiempo en la casa, ya no era el novio con quien vivía tantas aventuras, consideraba que mi lugar era estar en la casa y mi trabajo era mantener todo en orden y atender sus necesidades cuando él estaba. Se convirtió en el esposo machista que nuestra cultura acepta. Salí embarazada luego de tratamientos para preparar mi cuerpo para ser madre porque era algo *complicado con mi condición, al parecer en ese proceso era menos atractiva, porque sus salidas nocturnas se hicieron más frecuentes y a veces se iba a trabajar y no llegaba hasta después de la jornada del día siguiente.*

Yo sola en casa, muriendo de miedo porque no podía defenderme de algún agresor que pudiera irrumpir, mis llantos comenzaban en la noche y solo paraban en la mañana cuando el cansancio me ganaba y me quedaba dormida exhausta sin noción de la hora. Él era exitoso, con una seguridad que conquistaba a cualquier chica nada más con mirarla, era la envidia de cualquier hombre, se le conoció como un mujeriego que podía conquistar y pasar el momento con cualquier mujer que se propusiera.

Yo sumisa en casa, era eso, la mujer de su casa, mi madre me aconsejaba que debía permanecer con él por el bienestar de nuestra hija, para que esté conmigo y su padre, a pesar de que todo eso era una tortura que debía soportar porque era mi rol, saber que tenía sus aventuras y yo era la madre de su hija y la única en el hogar.

Acepté ser la esposa perfecta del hombre macho quienes todos sueñan ser. El tiempo casi no me alcanzaba para estudiar atendiendo a mi pequeña, pero seguí, mi sueño era ser independiente y a pesar de sentirme frustrada por lo que debería ser un matrimonio perfecto y resultó ser una farsa, seguía avanzando, cuando mis piernas no me permitían caminar, me lanzaba al suelo y me arrastraba, nunca me detenía, avanzaba milímetro a milímetro, es mejor avanzar lento que detenerse.

No fue suficiente soportar su ausencia, su infidelidad y correr el riesgo de que me contagiara alguna enfermedad, no fue suficiente ser la esposa perfecta. Una noche salió como de costumbre, no regresó, le llamé y le pregunté qué sucedía y me dijo que necesitaba algo de tiempo a solas, después de varios días me llegó el acto de divorcio a la casa, donde un alguacil me explicó que estaba pasando.

Él me dejaría todo lo que estaba ahí, pagaría la renta de la casa y depositaria una mensualidad justa para el sustento de nuestra hija. Sin medir consecuencias firmé y todo lo que soporté no valió de nada. Tan solo quedo el arrepentimiento de haber sido tan ilusa y confiar en el amor. A pesar de que me quedé cuando debía irme, fue él quien me dejó, y había otra mujer quien ocuparía mi lugar.

Desde niña había un chico que conocía desde que tengo memoria, siempre estuvo enamorado de mí, aunque nunca correspondí.

Ese hombre se enteró que me había divorciado y comenzó a visitarme, y con tanta dulzura que parecía querubín, en esos momentos no pensaba en ninguna relación, había comenzado a trabajar y mi mayor anhelo era que mi hija estuviera bien, pero con tantos momentos en soledad la decepción me consumía y más de una vez pensé que no merecía la pena vivir, únicamente estaba mi hija e imaginaba que ella estaría mejor sin mí.

Ella pasaba todo el día con mis padres porque comencé a trabajar, luego iba y la recogía, era algo incomodo de todos los días, llegaba extenuada, compartía un rato con ella, revisaba su tarea del colegio y luego dormíamos, la rutina más monótona, aburrida y agobiante que jamás pensé que un ser humano podía llevar. Llegaban los fines de semana y era para limpiar en la casa, pasar tiempo con mis padres y luego volver a lo mismo.

La persistencia de ese joven me hizo querer darle una oportunidad, para aliviar mi agobio, a pesar de que se escuchaban rumores que era un rufián, para mí era alguien que me hacía sentir la persona más importante del mundo para él.

Gran error el que cometí, comenzó con unos besos y luego de vez en cuando se quedaba en mi casa, no llegó a mudarse conmigo y creía que era parte de sus propiedades, a veces llegaba tan alterado, cuestionándome sobre mi día y que había hecho, algunas ocasiones me agredió físicamente cuando no le daba la importancia que él quería que le prestara.

Comprendí que no se debe fiar de las apariencias de bondad de una persona, ni de la percepción que podemos tener de ellas antes de conocerlas un poco al menos, al final nunca se termina de conocer por completo a alguien porque somos seres complejos que vivimos en constante cambio.

Tuve que irme a vivir con mis padres porque me daba miedo esperar cuando podía llegar pensando que tenía derecho. Fue a buscarme para que habláramos, intentando derribar la puerta cerrada, gritando de ira, al parecer bajo los efectos de algún estupefaciente, le respondí que no quería saber nada de él nunca más, luego que se cansó se marchó y por suerte mía y de mi hija desapareció de nuestras vidas.

¡Otra oportunidad al amor y fracasó!

Ahora estás tú y me siento vulnerable contigo, admito que eres la persona más maravillosa que he conocido y muchas veces pido al cielo que si esto es un sueño no me permita despertar. Eres más joven que yo y mi juventud se marchitará, tú seguirás siempre más joven y tendrás la oportunidad de estar con alguien más y en ese momento no podré retenerte porque sentiría que con todo lo que he pasado, tú no debes pagar los platos rotos de otra persona.

Por esta vez le hare caso a la razón y he tomado la decisión de pedirte que te vayas, tal vez no sea la opción más acertada, pero la vida es un tomar de decisiones, buenas o malas hay que tomarlas. Vete y déjame con mi pesar, con mi locura para poder darme la oportunidad de curarme otra vez antes de que puedas dañarme sin querer hacerlo.

Al escucharla le hice caso, asumiendo que ella era más sabia que yo y que su experiencia en una relación eran bastas en comparación con la mía, ya que con ella era mi primera vez que me sentía comprometido. Fue egoísta de mi parte no intentar quedarme, convencerla que era diferente, pero la parte que conocía de mi me hacían dudar de mi mismo y ese sentimiento me confirmó que, por más que quieras suprimir aquello que sabes que no deberías sentir, somos humanos y no estamos exentos de dejarnos conmover por nuestros instintos básicos, y en mi intimidad personal sentía depresión y lastima por mí al atarme a una relación que no avanzaría.

Al alejarme estaba causando un daño no intencional a las personas que más amaba en esos momentos, hay dolor que no se pueden describir, pero consumen el alma, dañar a quienes quieres es uno de los peores que he podido sentir. Francamente, aún me duele.

No comía, no dormía y en la madrugada en desvelo le pedía a Dios que me ayudara a olvidarla. Perdí peso rápido y algo de cordura y la preocupación de mis parientes se expresaba en la mirada de lástima que me lanzaban. Le llamaba todos los días y luego dejo de responder mis llamadas, mis mensajes los respondía a veces, solo con un estoy bien, y nada más. Luego ya ni respondía.

Tenía la esperanza de que algún día volvería a estar con ella, pero luego ella misma me confirmó que estaba conociendo a alguien nuevamente, que por favor guardara mi distancia, no te imaginas cuanto menguó mi fe. Me quedaba aceptar que no era la primera vez que se destroza su corazón y darle el título de valiente por querer darse una oportunidad más y no quedarse sumergida en el agujero de la depresión. Por mi parte tarde mucho más en superarlo.

Tu padre fue mi guardián de ese impacto que me desgarró en lo más profundo de mi ser, de ese adiós forzado que fue el fuego que redujo a cenizas mis ganas por ser feliz y el viento las esparció en el vacío sin dejar rastro, todo a consecuencia de una decisión. Ahí, fue cuando entendí, el *pequeño sermón acerca de lo correcto que me dio tu padre, mi hermano, mi mejor amigo, mi guía y mucho más.*

—Lo siento mucho tío —dijo Luis algo desconcertado al ver la tristeza en mis ojos rojizos mientras contenía el llanto y suspiraba para no llorar.

—Descuida ya lo superé —contesté.

— ¿Aún la Amas? —pregunta Luis.

— ¿Amarla? Amo quien fue cuando estuvo conmigo. Ahora somos dos completos extraños que se conocieron muy bien. Sé que lo que siento es la experiencia de algo hermoso que pasó, pero tuvo su tiempo, lloré lo que tenía que llorarla, sufrí lo que tenía que sufrirla, lo que siento es solo mío y lo atesoro como una de mis más valiosas joyas que guardo en el baúl de mis recuerdos. Cada experiencia es una lección de vida como testigo de que, en el paso de nuestra existencia por este mundo, hemos vivido.

Pero no creas que fue tan fácil superarlo, muchos consejos, frases de auto ayuda y los refranes más trillados, todo eso es inútil cuando sientes ese dolor tan intenso que crees que la sangre te quema por dentro. Es un proceso lento, muy lento y pensar que fui paño de lágrimas de desamores. Preguntaba: ¿Por qué le duele tanto?

Hasta que lo sentí en carne propia. Hay lecciones que no la aprendes de alguien más, hay que vivirlas para asimilarlas.

Después de eso quería ser el mismo de antes de conocerla, ya era tarde, había cambiado de una manera irreversible, así como cuando estrujas una hoja de papel, por más que la quieras arreglar jamás volverá a su estado anterior. Trabajaba en la constructora de tu padre. Empecé a seguir sus pasos, a esforzarme tanto como él. Me encentré en terminar mi carrera con un desempeño admirable, él no guardaba secreto conmigo y pienso que transfirió su talento en mi, íbamos a crear un imperio de la construcción.

—Pero pasó —interrumpió Luis.

—Sí, lamentablemente, pasó.

En la universidad me alejé de mis amigos de inicio, y comencé a relacionarme con compañeros más dedicados y menos parranderos, quedando los otros atrás y nunca he vuelto a socializar con ellos, algunos no los he vuelto a ver a otros los saludo con un gesto de adiós cuando solemos coincidir. En ese entonces me acerqué a una joven, dos años, casi tres menos que yo, Alba.

Hicimos un equipo brillante, éramos los mejores en nuestra clase. Lo digo sin pena, pero era el número dos, ella era el número uno y siempre estaba dispuesta a ayudarme. Nunca sentí nada más que amistad con ella en la universidad. Decían que le atraía, pero no tenía cabeza para pensar en eso.

Enfocado en la carrera y ella también estaba en lo mismo, supongo. Nos graduamos juntos y estábamos celebrando en la fiesta, compartiendo con Emmanuel y tu madre.

No te imaginas cuanto hacía que no me sentía tan feliz, a Emmanuel no le gustaba los lugares donde se aglutinaban todo tipo de personas, de tantas clases y con comportamientos diversos. En esta generación tan carente de educación, donde los valores son tan escasos y se vive por supervivencia en una selva de concreto y asfalto. Él sabía que cambié y la depresión figuraba en mi nuevo semblante, que no era el gran carismático que fui, que lo necesitaba a mi lado ese día tan feliz, dándome un golpe de realidad al recordar ahora que la felicidad es pasajera a veces tan breve, momentos, instantes. Compramos todo un atuendo nuevo para esa fiesta, parecíamos actores de cine anglosajón.

Anny, ya no estaba en mi cabeza, esa noche no. Cuando llegamos el lugar estaba repleto. Pedimos unos tragos y empezamos a tomar lentamente, con prudencia, pero el alrededor parecía apocalíptico.

Nos enfocamos en nosotros cuatro, como no podíamos hablar íbamos a bailar por parejas, una iba y la otra cuidaba la mesa.

Parecíamos mudos comunicándonos por señas, el orgullo de Emmanuel estaba por las nubes, nadie pensaba que yo lo lograría y con tan buenas calificaciones, el apostó a mí. Me dio la oportunidad de trabajar a su lado y me pagó la carrera. Solo Dios sabe cuánto le agradezco a mi hermano y sé que está a su lado. Oro todas las noches por él, por mi familia y por Anny, no te lo negaré. ¿Y sabes que es lo mejor y lo peor de todo? Que se acerco a mi oído y me dijo:

— Me siento orgulloso de ti, te admiro mucho. Gracias por sobreponerte y seguir avanzando firme y con determinación a pesar de tanto dolor. Cuando te caíste tenias dos opciones: quedarte en el suelo o levantarte.

Contesté:

—Sentía que mi cuerpo pesaba toneladas y que no podía con él, aunque sea arrastrándome avancé, algo que aprendí de Anny, y gracias a ti que fuiste el faro al cual debía dirigirme, no te apagaste y aún sigues encendido mostrándome el camino.

Gracias, te amo mi hermano del alma.

No sabía que esa sería nuestra última conversación, que esas palabras eran una despedida, un adiós. Por eso fue lo peor.

Seguimos la fiesta, tomando y bailando. En un momento estábamos los cuatros en la mesa. Se escucho una ráfaga en un segundo, luego de una pequeña pausa, un disparo más. Se enmudeció el lugar, nos tiramos al piso, de repente el tiempo se congeló, las personas gritando y corriendo. Cuando mis sentidos volvieron a mí, noté que tu madre y Alba estaban a mi lado. Al mirar con atención vi que Emmanuel estaba en su silla con la espalda estribada, parecía que estaba totalmente relajado, miraba al techo.

Me levanté gritando su nombre y le sostuve el rostro, tenía los ojos abiertos, sus labios se tornaron gris y ahí estaba en su frente, un agujero emanando un chorro pequeño de sangre como una lágrima.

Grité desesperado y sin encontrar que hacer lo abracé con todas mis fuerzas, tu madre y Alba se sumaron a mí, uniéndonos en un solo abrazo, en un solo llanto, en un solo dolor.

Después de unos minutos llegaron las ambulancias, paramédicos invadieron el lugar y recogieron los cuerpos, por más rápido que hubieran llegado, no había remedio, los sesos de tu padre se esparcieron en el piso.

Las víctimas del incidente fueron tres. De los primeros disparos dos encontraron su destino y fueron suficientes para que el homicida lograra su objetivo. Los demás encontraron otros blancos, la pared, el mueble del bar, una botella, entre otros, la frente de mi hermano, una bala que llegó como perro por su casa, sin anunciarse, sin avisar, entre todos los destinos había uno reservado para algo o alguien más, pudo impactar en otro lugar, pero el momento era el preciso y sin querer Emmanuel estaba en su camino y simplemente la vida se le extinguió, sin dolor, sin preguntas que pueden responderse luego, sin razones ajenas a la coincidencia, sin causa ni efecto... Llegó y se encarnó en su frente.

Después de la ráfaga el otro estruendo solitario que estremeció dentro de los gritos, fue el verdugo propio predispuesto del homicida, quien se convirtió en suicida, *para consumar su propósito. Sin dejar a nadie el deseo de venganza o de justicia, evitando un proceso doloroso para los que deberían resignarse de que todo empezó y terminó en un instante, en el mismo lugar. Para el consuelo de quienes extrañaremos a los que ya no están con nosotros después de ese momento.*

Se llevaron a tu padre hacia la morgue, como procedimiento antes de entregarnos el cuerpo, tomé el auto de Emmanuel y pude controlar mi rabia, de repente interioricé en mí, y fue la primera vez que pude ver lo que debía hacer, colocarme la máscara del fuerte y desde entonces me he la he quedado, ocultando lo corroído que está mi espíritu.

Mientras analizaban su cuerpo, me encontraba en la sala de espera en la clínica, sentado cabizbajo, con las piernas abiertas a la anchura de los hombros, apoyando los antebrazos sobre mis muslos mientras sujetaba mis manos ensangrentadas, las luces brillantes alejaban de mi cualquier asomo de sueño al unísono de los llantos inconsolables de Alba y tu madre sin cesar.

Un gran vacío crecía en mí y mi cordura preguntaba, ¿cómo llevaré esta noticia a mis padres? Recreando en mi mente diferentes escenarios donde llegaría a casa sin

Emmanuel, podía simplemente afrontar la situación en el instante, no obstante, quería aplacar el sufrimiento de aquellos a quienes daría esa trágica noticia.

Al cabo de unas horas cuando los médicos forenses terminaron de examinar, llenar el acta de defunción y entregarme la disponibilidad del cuerpo sin vida para ser trasladado a una funeraria donde se velaría según las costumbres católicas. Decidí regresar a casa para entregar la desgarradora noticia haciéndome sentir como kamikaze.

Era alrededor de las cuatro de la mañana, el ruido de los candados de la puerta de metal que estaba en la galería alertaron a mis padres, el chirrido de la puerta de madera al abrir los cerrojos y los gonces deslizándose terminaron de despertarlos, mi corazón latía muy agitado, en cambio seguí sereno algo sonámbulo con tanto cansancio, de tal manera que todo de mí parecía ser propiedad de mis ganas de no existir, mi alma sollozaba, pero mi conciencia sin asimilar lo que ocurrió no la dejaba llorar.

Terminé de llegar a la cocina, encendí la luz y comencé a buscar los preparativos para colar un café, entre tanto las lozas ahuyentaron el silencio de la madrugada provocando una gran curiosidad a los huéspedes inocentes de tal asunto. En un instante de sorpresa vi a mi padre con el revolver en la mano y mi madre detrás de él, ella al verme se puso delante y temblorosa sin decir ni una palabra me miro a los ojos y me quebré en el acto, solté lo que tenía en la mano y caí a sus pies, me arrodillé tomándola por su bata de dormir y sin decir palabras comencé a llorar fuerte, tan fuerte que mi alma se sintió libre, ella se unió a llorar conmigo.

Mi padre puso el revolver en algún lugar y se arrodillo a mi lado, me gritaba que me calmara y explicara porque regresé sin compañia, me cuestionaba a gritos sobre que me pasaba al ver mi reacción. Sin más nada contesté explotando sacando toda mi impotencia en una expresión de desahogo. ¡Mataron a Emmanuel!

Pude escuchar su corazón cayendo al suelo y romperse en mil pedazos, al ver su rostro asombrado y mudo, mi madre se sentó y agudizo sus llantos y en pocos minutos desmayó, mi padre en silencio la tomó y con mi ayuda la subimos a la recamara, me pidió no despertarla y dejarla tranquila un rato.

—Báñate, —me dijo— y luego me das los detalles de qué ocurrió. Necesito orar, Dios nos acompañará.

Acababa de ver en ese instante al hombre más fuerte del mundo, aunque ahora está débil por la edad sigue siendo mi columna de soporte.

LUIS

Que cruel fue de mi parte hacer que mi tío me contara esto para hablarme de mi padre, el vacio que ellos sintieron al perderlo no se compara en lo absoluto con el mío, por su ausencia. Tengo todo excepto el amor de un padre, sin embargo, no me ha faltado nada. Este sentir no es mío, es de ellos quienes conocieron a Emmanuel.

No puedo extrañar lo que nunca tuve, me siento triste, por no tener conmigo a esa persona que describen tan sublime, llamándome hijo, y yo llamándole padre.

En unos minutos de silencio mi tío pidió la cuenta y regresamos a la casa, en todo el camino ninguno de los dos abrió la boca para decir palabra alguna. En casa vi a mi abuelo y noté en él la pena de haber perdido un hijo, nadie merece la tortura de ver partir a sus hijos, pero la vida no tiene un libro de reglas que se cumplen como un protocolo, el paso del tiempo se encarga de mostrarnos el camino y cada día es una hoja en blanco para comenzar a escribir desde donde terminamos ayer.

De inmediato entré a mi habitación, me preparé para dormir y acostado mirando girar el abanico de techo sobre mi cama, esperando el amanecer, sin pensamientos, sin preocupación en ese instante, mi mente en blanco. Cierro los ojos y al abrirlos me encuentro con el alba y la suave frescura de la mañana que se filtra tras las ventanas que no cerré.

Luego de esperar a despertar completamente, me levanto y voy a la cocina para prepararle a mi abuelo el desayuno, voy a su dormitorio y le ayudo a levantar, le asisto en su aseo y preparativos para bajar al comedor. Don Juan algo extraño me miró con lo poco de la vista que le quedaba, pero sonrió y simplemente disfruto el momento con su nieto.

Luego de su desayuno, poco de comer y muchos medicamentos, porque llegamos a una edad que consumimos más medicina que alimento, consternado tomé el teléfono y llamé a la persona en quien más confianza tenia, mi mejor amiga.

Necesitaba a alguien con quien contar y que tenga la disponibilidad de escucharme para desahogarme, sacar un poco de esta tristeza que invade mi ser.

— Hola Angélica, ¿cómo estás?

— Estoy bien, gracias. ¿Y tú, cómo estás?

— La verdad no estoy bien, estoy algo depresivo.

— ¿A qué se debe?

— Conocí de mi padre, y el trato de mi abuelo y mi tío me llenan de melancolía. Quisiera sacar algo de esta energía de mí.

— Entiendo.

— Me gustaría verte. Llamaré a mi madre para informarle que iré este fin de semana para recoger algo importante que se me quedó. El lunes regresaré para seguir con mis vacaciones en casa de mi abuelo. Ha sido un verdadero placer conocerlo y también conocer a mi tío Enrique.

—Está Bien, cuando estés en la ciudad cuadramos para vernos. Hasta entonces. Cuídate.

— Gracias, cuídate tú también. Adiós.

El sábado llegó, no me quedaba mucho dinero, estaba en espera de que mi madre depositara algo a mi cuenta. Con lo que tenía me alcanzaba para el pasaje de ida y me quedaba poco, muy poco. Intenté localizarla para ver que había pasado, sin embargo, no la contacté. No quería posponer mi cita con Angélica así que me fui sin equipaje porque regresaría al otro día e iría para mi casa donde tengo todo lo que necesitaría.

Luego de las tres horas de camino llegué a la casa y no encontré a nadie. En la recamara de mi madre estaba su teléfono con mis llamadas perdidas. Preparé algo de almorzar, me di un baño y llamé a Angélica, le dije que estaba quebrado y lo que tenía me alcanzaba nada más para un café, ella contestó: un café para mí está bien.

Acordamos el lugar y la hora para juntarnos. Eran las dos de la tarde cuando ella llegó, yo había llegado unos minutos antes. Ahí nos saludamos con sonrisas y besos en la mejilla, un ambiente relajado y tranquilo, música suave de fondo. Pedí un café casi de inmediato, le pedí uno a Angélica y esta le dijo que no al mesero, en un rato quizás agregó.

Después del típico preámbulo de una conversación y sus acostumbradas preguntas y respuestas genéricas, comencé a hablar de lo que quería a Angélica quien con toda la decencia del mundo me prestaba atención.

—En estos días con la familia de mi padre me he descubierto y me he encontrado en la necesidad de desahogar mi vulnerabilidad. Estoy sumergido en un mar de sentimientos por mi abuelo herido por la pérdida de un hijo y de su esposa, la tristeza se le dibujaba en cada pliegue de las arrugas que ha colocado el paso del tiempo implacable sobre su rostro, sus ganas de silencio para poder gritar su dolor. Te confieso que al contar sus recuerdos es como sentir que recorres a su lado aquellas experiencias que dan testimonio de que ha vivido, que hay momentos gloriosos, otros infernales, algunos de alegría y otros de tristeza.

Entre tantos, no estar solo es la mejor emoción que puede encontrar.

A mi abuelo y a mi tío los he escuchado decir que han amado más de una vez. El amor les hace volar como los vientos silicios del verano, les hace sentir la brisa fresca en el calor inmenso que sofoca. Sintieron decepciones y no se cerraron a la posibilidad de volver a sentir esas emociones aun después de experimentar el dolor agónico que se sufre al perderlo todo.

Amor a sus parejas, a sus hijos, a sus familias.

Los veo cuando me miran contemplando el instante en el que estoy frente a sus ojos, ven en mi el retoño de mi padre, saben que regresaré a mi madre y los dejaré un buen tiempo hasta la próxima visita. ¿Sabes? Me da tristeza verlos extrañando a Emmanuel, me duele haberlos expuestos a esos recuerdos, experiencia y sentimientos que reviven en su memoria al hablarme de él.

— No, — interrumpió Angélica — ¿no te has puesto a pensar que ellos estaban locos por hablar de esos sentimientos, de expresarse, y no que lo hicieron por ti, sino por ellos mismos?

Al igual que ahora me estas platicando tú a mí. Está el placer de dar y servir, no se hacen en espera de recibir lo mismo a cambio. Se quiere, se ama, se vive, por una necesidad interna, propia de quien guarda esos sentimientos y desea compartirlos, la necesidad de hacer feliz a quien ofrece felicidad.

Quizás no se sienten tristes al expresar sus recuerdos porque al compartirlos vuelven a vivirlos, te están enseñando que detrás de algo malo puede existir una razón por la cual salir y avanzar, no quedarse sumergido en la desesperación de una tragedia.

Confundido al no esperar esa respuesta de Angélica, asentí con aceptación y entendí lo que decía. Me sequé una lágrima que empezaba a brotar de uno de mis ojos y le exprese:

—No guardo recuerdo de mi padre y no lo extraño, porque, ¿cómo extrañar lo que nunca tuve? Ahora me siento encerrado en algo que no puedo comprender.

Deseo sentir eso que ellos sienten por alguien. Imagino que es divino y a la vez correr el riesgo de tal dolor me aterra, de todas formas, quiero amar como ellos han amado.

— Amar es un término complejo — respondió Angélica — ¿Cómo saber cuándo realmente amas? Pienso que solo debes vivir el amor. Tú y yo nos queremos y solo somos amigos, nos servimos de soporte uno al otro, hay amor, aunque no tenemos una relación de noviazgo.

—Al respecto de eso, entre los besos que se nos escapan al despedirnos, el sostener tu mano al caminar, platicar y escuchar en ti la voz de mi razón sin contar el valor agregado de tu sonrisa, tus ojos hermosos y tu pelo revuelto que me encanta; no sé si has notado que estoy enamorado de ti.

— Lo sé — es la respuesta fría y seca de Angélica ante mi declaración— Sé que en estos momentos te sientes vulnerable al estar con tus parientes de vacaciones y crees que este es el momento para externarme tus sentimientos hacia mí, los cuales ya conocía.

Disfruto mucho de tu compañía y me disculpo si en ocasiones de gran felicidad contigo me dejé llevar por el momento y correspondí uno que otro beso. Sinceramente, paso algunos ratos cerca de de ti de vez en cuando y mi vida tiene mucho más tiempo que esos lapsos. Tengo que decirte, aunque te duela que ahora conozco a otras personas que me hacen sentir más cerca de las estrellas que tú y están muy lejos de a quien quiero como pareja. Disfruto mucho de la libertad de la soltería y espero conocer algún día, cuando quiera un compromiso, a alguien que me haga sentir esos sentimientos que todos deseamos brindar.

Guarda lo que sientes por mí, porque es tuyo, solo tuyo, y es hermoso. Acéptalo como parte de ti, te agradezco de manera colosal que me quieras así. Por favor no digas nada en este lugar, en estas circunstancias, tomate el café, relájate y despacio, tranquilo, asimila la situación. Por favor regálame el silencio ahora y déjame marchar, te lo pido de corazón.

Angélica tomo sus cosas me regaló una sonrisa a media asta y un beso en la mejilla, se despidió con un hasta luego y partió.

Un abismo me tragó, mi mente se nubló, el silencio se adueñó de la ausencia en la silla vacía del frente donde estuvo Angélica sentada y me condené al recibir la respuesta que nunca imaginé, quedando con los sueños a la deriva, existiendo en suspenso dentro de un mundo que mi mente no puede alcanzar.

En eso llegó el mesero con el café.

— Disculpe la demora — dice al servirme.

Sus palabras fueron como una bofetada que me despertó con resaca, el murmullo de las personas a mí alrededor me recordó que no estamos solos en este mundo que compartimos y que una experiencia colosal había ocurrido en un instante, en lo que tarda preparar un café. Me tomé un sorbo casi insípido a mis sentidos y dejé la taza casi intacta, llamé al mesero y pedí la cuenta, pagué de inmediato y me retiré.

Al salir miré al cielo en busca de una respuesta, volteo hacia los lados y veo a un mendigo sentado en la calzada apoyado de espalda en la pared próxima de la cafetería, le dedico unos segundos de admiración y observo que no había visto a un vivo que pareciera más muerto que los cadáveres que había conocido, sumergido en suciedad y mugre envuelto en trapos que cubrían su cuerpo, con un mal olor peor que el de las ratas muertas, privado de su mente, tal vez por los vicios que lo transportaban a una realidad inexistente que consumió su cerebro o tal vez por una enfermedad silente que le carcomió su capacidad de pensar, no lo sé.

Regresé adentro de la cafetería, me conduje a la vitrina del mostrador y elegí un postre que podía pagar con lo que le brindaría el café a Angélica y no quiso tomar.

Llegué donde el mendigo, me incliné y sin decirle nada le ofrecí el postre. Me miró como sonámbulo, lo sostuvo en sus manos y despacio se llevo una cucharada a la boca, cerró los ojos y suspiro mientras su paladar degustaba ese sabor que lo acercó a los ángeles.

Al notar su sonrisa vuelvo a mirar al cielo esta vez dando las gracias, porque el placer de ofrecer algo tan simple me cambió el día de un tono gris oscuro, casi negro, por un reconfortante arcoíris.

¿Por qué ponerse triste los días nublados, si puedes salir y jugar bajo la lluvia?

Fue mi alivio luego del choque de trenes que sentí en mi alma, la consternación que traía por lo que quería ver a Angélica y luego su rechazo.

AMELIA

Al regresar al apartamento después de un largo día de trabajo, hoy se suponía era mi día de descanso, por un imprevisto que surgió de último minuto y recibir una llamada con la información de que me necesitaban de urgencia, por el sobresalto y la prisa de llegar lo más pronto posible dejé mi teléfono en la habitación, cuando estaba a la espera de recibir a Luis.

De seguro me ha llamado para recordarme que viene, hoy le depositaría algo de dinero como programamos para el viaje y le quede algo para sus necesidades. Ahora un día agregado a mi agotamiento de costumbre, tengo que recorrer el trayecto y surfear en las candentes olas del tráfico y embotellamientos que caracteriza la gran ciudad, poniendo a prueba mi adaptabilidad a esta rutina, enfrentando el estrés y el cansancio, producto del caos que se provoca día a día entre semáforos y las agujas del reloj que avanzan sin contemplación reduciendo el espacio de tiempo que me queda de hoy, después de ese largo rato en llegar está el temor de estacionar mi vehículo, pidiendo a Dios no ser la próxima víctima que asaltan.

Siento el vapor emergente del suelo, brazas bajo mis pies, la sofocante temperatura reduce mi aliento, el dolor de espalda y el esfuerzo de mis pantorrillas por no estallar mientras subo cada peldaño, uno a la vez para llegar al tercer piso.

Al abrir la puerta me encuentro a Luis sentado en el sofá de la sala viendo televisión, me sonríe y esa sonrisa iluminó mi día de tal manera como si hubiese estado deambulando en el desierto y se apareciera la ilusión de un oasis tan hermoso como se puede imaginar, pero no es una ilusión, es mi oasis real a quien había extrañado estos pocos días mientras estaba ausente. No puedo creer que tanto se parece a su difunto padre, es la misma aura sublime que lo rodea y resplandece como el sol.

Pasé a darme un relajante baño sin preocuparme de preparar la cena para mi pareja ya que Luis lo había hecho, quien poco más tarde llegaría a quitarse el camuflaje de esclavo social, para vestirse de hombre, descansar y cenar juntos.

Luis y yo platicamos de cómo le fue estos días con los parientes de su padre y me contó lo ocurrido con Angélica, por lo que le contesté que cualquiera se enamoraría de una mujer con esa actitud.

Me dice que le hablaron de su padre y queriendo aprovechar que mañana no trabajaré quiero contarle sobre él desde mi perspectiva porque todos somos alguien diferente ante los ojos dependiendo de la persona que nos mira.

La mañana siguiente, nos levantamos tarde, como un domingo normal, luego del desayuno, mientras lavaba la ropa, comencé a platicarle.

Llegó un proyecto que se vendía como el mejor negocio jamás imaginado por Emmanuel, le abrieron los ojos y el deseo por arriesgarse, retarse a sí mismo y poner a prueba la capacidad de su compañía constructora. Después de burocracias y el sorteo de una licitación, minimizar el margen de beneficio casi a cero para ganar por comparación de precio una obra del Estado sus ilusiones de que una edificación de esa magnitud llevaría nuestro sello lo hicieron transportarse a otro mundo y eso lo segó de otros detalles que no apreciaba, y el hecho de ser un novato para trabajar con el Estado sin conocer a fondo sobre el manejo de impuestos qué se cargan a todos los precios del consumidor y llegan a ser recolectados en una porción mínima para el pago de los altos sueldos, los extravagantes lujos y los altos incentivos de los funcionarios y con el resto intentar cubrir los intereses de los préstamos que incurre el país los cuales son un barril sin fondo con el objetivo abstracto de cumplir con el presupuesto mal versado por los funcionarios.

Cuando eso apenas éramos novios y Enrique no terminaba de cursar sus estudios. Conmigo tu padre se sentía en la confianza de dejarme entrar en el lugar más íntimo que una persona posee: su mente. Cuando exhibes tus pensamientos, temores, frustraciones, sueños, metas y dejas desnudas tus emociones, es más íntimo que quitarte la ropa en frente de alguien.

El riesgo de depositar tu confianza solo por tener la esperanza de que una persona actúe de acuerdo a tus principios y valores y que cumpla un pacto en el que se compromete es un error, más aún que te asegure que todo saldrá bien, observándote mientras te sumerges en una cueva minada a oscuras.

Intentó ayudar a algunos de sus amigos prestándoles dinero a una tasa muy reducida de interés del anticipo recibido que marcaba el inicio del cronometro en cuenta regresiva para entregar la obra. Esa tasa era tan mínima que prácticamente no presentaba ningún atractivo para que fuese considerado negocio, para resolver situaciones inmediatas y en espera de que estos respondieran y le devolvieran el dinero prestado respetando la forma y las cuotas que se estipuló.

Sentía que cumplía con el mandato de ayudar al prójimo, desconocía que el enemigo se viste de oveja también, y mientras estos "amigos" buscaban solucionar sus situaciones financieras sin importar que pase con quien le ayuda, Emmanuel quedaría sin liquidez agotando los recursos del proyecto antes del tiempo programado, ya que algunos no pagaron en el plazo establecido, otros simplemente no pagaron.

La lección fue que se debe hacer el bien sin perjudicarse, lección que tu padre aprendió de la peor manera. Debido a que nuestra sociedad protege más al agresor que a su víctima, el precipicio por el cual caía tu padre lo consumía, se sentía estúpido por confiar en las personas que supuestamente eran sus amigos, y toda la culpa caía sobre sus hombros y la deuda que no podía cubrir lo llenaba de frustración y lo segaba, no podía ver más allá del fracaso. Pensó en afrontar de manera violenta a sus enemigos, porque aquellos a quienes ayudó le convenían ser su enemigo, alejarse y mandarlo al infierno cada vez que escuchaban de él.

Otro factor negativo fue que aquellos suplidores que le garantizaron su apoyo con el financiamiento de la mayor parte de los materiales se retractaron y le comunicaron que el límite de crédito se le había reducido por el riesgo y que después de agotar ese crédito debería pagar las facturas dentro de las condiciones estipuladas. Entonces quedando sin liquidez para pagar a los empleados, y sin contar con los materiales la tormenta se convertía en ciclón y venia arrasando todo a su paso.

Buscó una solución paliativa en adquirir adelantos de los pagos futuros de la obra mientras el proyecto se desarrollaba, entre los funcionarios que estaban a cargo de la institución contratante a intereses usureros y estos verdugos aprovechándose de la situación retrasaban los pagos para acumular la mayor cantidad de interés.

La situación era tan difícil que pensó que la única solución era cotizar un seguro de vida y dejarle la cuenta pendiente al beneficiario y provocarse el deceso de forma que pareciera un accidente.

Tuvo otras brillantes ideas que en realidad no le ayudaban de mucho.

En el crepúsculo de un día llegó a mi casa y me explicó todo lo que estaba pasando, esperaba que me alejara y que lo dejara solo con su situación. Me decía que debía honrar a las personas que confiaron en él, a quienes decepcionó por confiar en alguien más y mi respuesta fue una pregunta:

— ¿Crees que dejaría escapar al hombre a quien amo, que me ha dado muestra de bondad, honor y valores tan escasos, casi extintos en nuestra sociedad?

Como respuesta se sentó en el suelo apoyando su espalda en la pared y empezó a llorar mientras se tapaba la cara con sus manos, repitiendo una y otra vez:

— No sé qué hacer, no sé qué hacer…

Me senté a su lado, lo abracé, respiró profundo y dejó de hablar, luego detuvo su llanto, sus ojos estaban hinchados, lo llevé a mi habitación. Mis padres quienes estaban en la sala frente al televisor me vieron como si me quisieran matar con la mirada, en la habitación le retiré la camisa, le quité sus zapatos, desabroché su pantalón, lo acosté boca arriba, tomé una sábana y lo arropé, le di un beso en la frente y lo dejé dormir.

Salí de la habitación y dejándole en el baño toallas limpias, encendí una vela con aroma a manzana y canela, durmió una hora aproximadamente, lo esperé viendo televisión junto a mis padres quienes aún no decían nada al respecto. Luego que tomó el baño le preparé la cena, un mangú con los tres golpes. Se sentó a la mesa y me senté a su lado mientras cenaba, no había palabras y al terminar después de un rato a que reposara, llamé un taxi y lo envié a casa con un beso de despedida y las buenas noches.

Mis padres preguntaron qué pasó, a lo que yo solo conteste:

— Él necesitaba descansar.

Esa fue la primera vez que hicimos el amor y sin tocarnos la piel.

No volvió a hablarme de ninguna de sus estúpidas ideas, como hombre de fe sabía que tenía que amar a sus enemigos, sabiendo que ellos le odiaban, aunque se sintiera traicionado y muy avergonzado explicó a sus acreedores que su negocio fracasó y que el pagaría todo lo adeudado y necesitaba que fueran paciente. Se dedicó a trabajar con todas sus fuerzas y de paso me enseñó cómo hacerlo, fue mi maestro y compartía sus errores para que aprendiera de ellos sin tener que cometerlos.

Superamos eso con optimismo y un esfuerzo sobrehumano, con ayuda de las personas a quienes le importábamos, trabajo en equipo, perseverancia y paciencia.

Tu tío Enrique se nos unió y con un enfoque sin distracción en busca de aprender, daba con soluciones eficaz. Su compañera de estudio en ese entonces, quien ahora es su esposa, también se nos unió, era y es brillante, juntos abarcamos mucho terreno y con tanto que ofrecer, nuestro prestigio se elevó hasta las nubes.

En medio de ese caos nos casamos y naciste tú. Antes de que Enrique y su esposa se graduaran ya habíamos llegado al punto de equilibrio… Punto que nos hizo feliz a todos y reducía nuestro mundo a algo tan pequeño, porque ya sabíamos con quienes debemos contar, y el valor de la familia la cual lo es todo y mucho más.

Tristemente nos dimos cuenta que es imposible aislarse del resto del mundo, porque en un día muy feliz nos sorprendió una colisión desastrosa. El dolor es indescriptible, te veo y no imagino que se sentirá si te pierdo, como tu abuela perdió a su hijo mayor.

El comienzo de un duelo eterno, un hijo es la razón por la cual soportar la carga de cada día.

Recordando la primera vez que lo sostuvo en sus brazos después de llevarlo nueve meses en su vientre, ansiosa por su llegada, esa criatura tan indefensa, parte de su alma entregada. En su ausencia, en el silencio de la soledad, cierra los ojos y suspira, recuerda sintiendo el tibio cuerpo diminuto alimentándose de su pecho. Cuando sujetaba su dedo índice para asegurar que su madre no se fuera a ningún lugar, como si pudiera alejarse de él. Aquellas canciones que tarareaba para calmar su llanto y otras veces para que conciliara un plácido sueño y las veces que se despertaba para escuchar su latido y otras tantas más que puso sus dedos debajo de su nariz para asegurarse de que respiraba. Su primera sonrisa, su primera palabra ¨Má¨.

Todos los momentos del pasado antes del incidente se reviven en su memoria como un sueño, deseando despertar de la pesadilla donde Emmanuel ya no está vivo. Como tu madre entiendo que no pudo crear en su mente una explicación para afrontar la realidad y se quedó en su mundo de Don Quijote, hasta que su salud mermada hasta que la llevó a encontrarse con él en el abismo de la ausencia eterna. Perdimos a un hijo, un esposo, un padre, un hermano y un amigo. Puedes decir que el tiempo hará que el sufrimiento sea más soportable, sin embargo, el tiempo deja de existir aprendiendo a vivir con el dolor. Tengo pareja y te tengo a ti, lo tengo todo para no sentirme triste, en cambio no pasa un día sin que lo vea en mis pensamientos. Es triste y sin embargo me regocijo recordando ese sentimiento que no volveré a experimentar, sentir sus manos en mi piel, sus abrazos, su compañía en la intimidad. Nada más me queda sobrevivir con esta agonía y refugiarme en los brazos de alguien que se conforma con lo poco que puedo brindar, porque ese sentimiento ya no vive en mí, se fue con Emmanuel y no puedo dar lo que no tengo.

Don Juan aún duerme en su habitación en el segundo nivel de la casa, supongo, a sabiendas que no puede valerse para usar las escaleras. Esto es comprensible, perdió a su esposa junto con su hijo, porque dejó de ser ella y se convirtió en ese cadáver andante, y Don Juan se empeñaba en mantenerle con vida, dándole medicamentos que la mantenían en su sueño, y los demás para su salud, la que no duró mucho. Para resumir, murió de depresión, de amor, de dolor y tristeza. Ese rinconcito es todo lo que necesitaba para refugiarse de su sufrimiento, punzante, constante y transportarse en las remembranzas cuando fue tan feliz, cuando estaba completo. Ahora solo le queda un Enrique abatido y triste con el corazón partido por alejarse de Anny, la pérdida de su hermano y su madre. Quien ha forjado su carácter de buen hombre, leal, integro, responsable y abnegado, que para Alba esos valores es lo que más importa, acompañada de la máscara de felicidad que sé que se quita en soledad y deja su agonía en libertad para llorar, lo sé porque también hago lo mismo.

DON JUAN

Luis regresó a la casa después de varios días de ausencia, en esta ocasión fue él quien me abordó preguntándome como conocí a su abuela María.

La verdad no la conocí como mi gran amor. A muy temprana edad comencé a trabajar limpiando zapatos en la calle, tocando de puerta en puerta. Una vez me detuve en una fonda para desayunar, frente de una casa de madera ponían una lona para cubrir el sol, los días de lluvia no trabajaban, nadie iría de todas formas. La comida permanecía en sus pailas en una mesa y se ordenaba por servicios.

De desayuno: Yuca, guineo verde, plátano verde y batatas, raras veces buenpan; lo podías acompañar con huevos fritos o hervidos, salami o espaguetis los que preparaba con mantequilla y aceite de soya, se le escurría la grasa.

De almuerzo: Moro, el cual podía variar del color de las habichuelas o bien si era de guandules y arroz blanco con habichuelas o guandules guisados, acompañado dé pollo, res o cerdo guisado, ese era el menú.

Me encantaban las conconadas, ese conconsito bañado de salsa de carne y habichuelas guisadas, era lo máximo. Tu abuela aprendió a cocinar ahí, ella era la hija de la dueña de la fonda. Era menor que yo, muchacho al fin solo me fijaba en niñas de mi edad y era muy aficionado de admirar a las mujeres maduras. En lo que me atendían podía platicar con María, y desde ahí comenzó a nacer un cariño sano hacia una niñita inocente que veía como una hermanita menor.

Casi siempre descalza con vestido largo y blusas de tiros, la veía de lunes a domingo, los domingos eran mis mejores días para limpiar zapatos, los hombres que trabajaban de lunes a sábado paseaban en el parque con toda su familia, comían helado y se sentaban en el parque mientras los niños jugaban con las palomas y veían las luces de colores en las fuentes redondas. Había dejado de estudiar en el quinto curso de primaria, sabía leer y escribir mejor que muchos universitarios de hoy en día.

Salía temprano desde casa con un pan con café en mi estómago y regresaba en la tardecita antes de anochecer.

Como sabes, el tiempo siempre avanza, en mi recorrido a pies me detenía en una parada de transporte público a otra ciudad, le limpiaba los zapatos a uno de los choferes como intercambio de clases de manejo. A veces cuando no se llenaba el carro y coincidía que yo estuviera por ahí, me llevaba con él. Iba conociendo la ruta y recuerdo la primera vez que me dejó conducir de ida y vuelta. Luego un amigo de ese señor compró un carro y el permiso de la ruta en esa misma parada y me recomendó. Saqué mi licencia de conducir y dejé de limpiar zapatos, excepto los de María, Emmanuel, Enrique y los míos.

Los primeros meses en esa labor no vi a María, desayunaba y comía en la parada, hasta que pude ahorrar y comprar una bicicleta, quería volver a almorzar allí y probar esa sazón que tanto extrañaba. Al llegar la busqué con la mirada nada más para saludarla, y mis ojos quedaron deslumbrados al admirar que nunca me percaté de su transición al convertirse en esa bella mariposa que me sonreía.

Cerca sentía que aún era esa niña a la que vi por primera vez sobre una lata de aceite fregando los platos sucios, quería censurar mi mente de los pensamientos que me hacían ver a esa tan atractiva mujer que la edad transformó.

Invertía en mejorar esta casa que era de mi madre, no siempre fue tan grande. Desde joven mi deseo por crecer a nivel familiar me invadió. Primero se construyó en tablas de palmas y zinc, con piso de concreto, mi madre se puso feliz al ver su casa remodelada. Yo decía que nunca me casaría mientras la tuviera conmigo. Dejó de trabajar a petición mía y me trataba como rey, tal vez por eso no enamoraba a tu abuela, aún.

Mi madre me enseño el amor a Dios, me llevaba cada domingo a la iglesia, fui al catecismo porque ella me lo inculcó y mi fe se elevo hasta donde nunca imaginé que podía llegar. Gracias a esa fe no me volví loco. Me sentía realizado, un buen empleo, mi casa y mi madre.

Hay cosas que pasan, que se escapan de nuestro control, la duda y el temor se encargan de volvernos un títere de la vida. Tan solo tenía veintitrés años cuando una madrugada me la arrebató sin previo aviso, desperté y ella se había ido, a un lugar mejor espero. Ahora debe estar con tu padre, mi hijo, su nieto. Fue un infarto fulminante, y la única explicación era que tenía el corazón demasiado grande. Con tanto amor que me brindó no me cabe duda.

— ¡Vaya, que duro! — expresó Luis — ¡Quedó totalmente solo!

—Así es — contesté —Muchas veces me consolaba con el alcohol.

Caminaba perdido, sin dirección, no encontraba consuelo en ningún lado.

La madre de María se había amancebado con un hombre que tenía cuatro hijos, decía que no quería más. María no conocía a su padre, básicamente había desaparecido. Antes cuando alguien dejaba el pueblo era como si la tierra se lo hubiese tragado, los medios de comunicación eran tan escasos que las personas dejaban de existir al distanciarse, como sucedió con Angélica y su familia.

La madre de tu abuela se enfermó y la muerte merodeaba, su padrastro le había dado la noticia de que se iba a mudar de la casa con sus hijos para desligarse de una responsabilidad que no pretendía asumir y ella se quedaría sola, con su madre enferma.

La veía trabajando arduamente lavando ropa por pago y atendiendo a su madre, se me rompía el corazón y la nostalgia me invadía. No podía seguir estudiando, tanta responsabilidad no se lo permitían.

Dejé de tomar, le llevaba una compra de alimentos para que cocinara para los tres con el pretexto de que me satisfacía su compañía para almorzar, le llevaba mi ropa a lavar y le pagaba más de lo que cobraba, así evitaba la pena de ofrecerle dinero.

Fue un miércoles, estaba yo durmiendo la siesta después de comer recostado en una silla debajo del árbol que daba sombra en la acera frente de su casa, cuando un grito desesperado y fuerte me despertó. Como un rayo llegué a ellas.

—Mami no contesta —me dijo gritando y llorando.

La abracé y un adiós en llanto presencié, ningunas palabras existen que pudiera aliviar su dolor, me quedé abrazándola mientras ella desgarraba el silencio con todas las fuerzas de sus pulmones para desahogarse. No lo expresé, sin embargo, entendía lo que sentía, ese fuego interno quemando tu pecho de adentro hacia afuera consumiendo el aire que respiras como combustible agrandándose, y tus tripas contraídas presionando tu estómago, la sensación de que te ahogas en un océano de lágrimas, y la descarga eléctrica que permanece en tu cuerpo, contrayendo todos tus músculos sin dejarte mover, el cráter en tu cabeza cuando tu cordura explotó y tu mente quiere escapar a la demencia.

Todo eso sentí cuando perdí a mi madre, lo volví a sentir al perder a un hijo y otra vez lo sentí al perderla a ella.

Me hice cargo del funeral. Quedó sola en la casa y yo solo en la mía. Trabajando sin un propósito y con algún que otro ahorro. Le ofrecí mi ayuda económica, según mi alcance, pero ella se negó. Solo acordamos que yo compraría lo necesario para que comiéramos juntos los dos, desayuno, almuerzo y cena para brindarnos compañía mutua, supongo que de ahí de que la costumbre es más fuerte que el amor.

No me sentía enamorado o tal vez lo estaba y ni cuenta me daba. El trato excepcional, pasar tantos ratos juntos y separarnos, ella para ir a dormir y yo desvelarme con la soledad en mi casa pensando que ella siente temor, aflicción o desesperación, esa preocupación sustituyó mi tristeza, claro nunca dejé ni he dejado de extrañar a mi madre, al paso aprendes a vivir con la ausencia acariciando los recuerdos, resignado de que no volverán.

En unos meses le pedí que se casara conmigo. Sin pasar por un proceso de noviazgo, sin el previo aviso de que estoy enamorado, sin explicación. Ya nos conocíamos tanto que las palabras sobraban. No sé si fue amor o la necesidad de su compañía, el deseo de no perderla y no pensar que algún día cercano alguien vería la mujer que veía.

El compromiso no fue fácil, sin embargo, muy fascinante. A nuestra boda solo asistimos ella, dos testigos y yo.

Lo mejor de la luna de miel fue conciliar un sueño plácido, profundo, sintiéndome seguro y relajado.

Vendió la casa que le dejó su madre, y vino a vivir aquí, con eso remodelamos y acondicionamos para intentar formar una familia.

Cuando nos sorprendió el embarazo estábamos contentísimos pero aterrados, íbamos a crecer, la experiencia fue sublime, inverosímil, saber que seriamos padres por primera vez.

No te imaginas lo satisfactorio que fueron esos momentos, primero tu padre y dos años después tu tío. Fueron años gloriosos, llegar del trabajo y ser recibido por un diluvio de cariño de parte de tus hijos y un beso de bienvenida del amor de tu vida. Tomar un baño y cenar escuchando los pormenores de las aventuras de su día, aunque la mía sea una rutina por el trabajo, que más tarde aprendí que era disciplina y un método para lograr mis objetivos.

A veces llegaba deshecho por el cansancio y después de cenar me acostaba, ellos llegaban y se acomodaban debajo de mis brazos apoyando sus cabezas sobre mi pecho, se quedaban tranquilo hasta quedar dormidos. El éxito puede definirse de muchas maneras, el mío lo defino por todas las bendiciones que he poseído, la salud y fuerza para trabajar, lograr pequeñas metas y poder sustentar el más grande privilegio que poseo: Mi familia, mi más preciado tesoro.

Cuando crecieron, lo suficiente para quedarse solos, tu abuela siguió estudiando hasta culminar la universidad. Enrique se la pasaba jugando con sus amigos mientras Emmanuel se quedaba leyendo y haciendo las tareas de la casa para cuando su madre llegara cansada no tener que esforzarse demasiado en mantener el orden. Luego Enrique se sensibilizó y le ayudaba antes de salir a jugar, por cariño a tu padre y no dejarle toda la tarea, el no tuvo que pedírselo, pero Enrique veía que tenía el deber de ayudar y como él amaba a su madre tanto como su hermano por la misma razón que él, entendía que debía hacerlo.

Tu abuela terminó la carrera de magisterio y comenzó a impartir clases, incrementando nuestros ingresos, nos enfocamos en que nuestros hijos tuvieran una buena educación enviándolos a estudiar a uno de los mejores colegios de ese entonces.

Me siento orgulloso de ellos, cada uno llego a donde la oportunidad le permitía llegar, aunque con Enrique fue un proceso distinto, llegó. Le doy gracias a Emmanuel por su madurez y por ser un guía para su hermano, cubriendo nuestras fallas como padres por nuestras ausencias, convirtiéndose en los mejores amigos uno del otro.

Aquellos veranos mientras crecían, ir a la playa en familia y verlos jugar con ese sonido tan exquisito de sus risas. Nuevamente te reitero lo agradecido que estoy por tantos años de felicidad, fui bendecido con una extensión de tantos años de ella. Lástima que llegó a su fin ese día cuando tu tío regresó una madrugada, cargando esa pena en el alma, que desgarró nuestras corduras y tu abuela no pudo reponerse nunca, dejándose consumir como un serillo por la llama hasta expirar.

Cuando su madre falleció pudo reponerse y salir adelante, no sé si su amor hacia su hijo Emmanuel era diferente pero después de esa noticia su ser abandonó su cuerpo, la demencia la arropó y nunca se volvió a ser ella nuevamente, tal vez eso significó un escape para no lidiar con ese dolor, murió ese día y quedaba un cuerpo vacío que deambulaba, un fantasma llorando y sufriendo, incoherente, sin reconocer a nadie.

Después enfermaría de una neumonía, y sin ganas de luchar por vivir simplemente se dejó llevar de la reconfortante y placentera sensación que le brindaba paz. Perdí a un hijo y el amor de mi vida. Tu tío perdió a su único hermano y mejor amigo, también perdió a su madre. Tú perdiste a un padre, tu inocencia no te permitiría sentir nada en ese entonces, sin embargo, fuiste condenado a vivir con su ausencia. Yo fui condenado a seguir viviendo, y no sé si es por el amor de Dios que sigo cuerdo, porque mi herida nunca sana y se lastima cada vez que veo a mi único hijo con esa tristeza que intenta disimular perpetuamente, mi familia se redujo a dos personas que vivimos en constante agonía.

Gracias que llegaste tú a darnos una tregua a esta guerra que lidiamos mientras estamos despiertos. Ahora están ustedes mis nietos, y yo sin fuerzas para disfrutarlo, acepto conforme lo que me ha tocado y me mantengo sereno sabiendo que se escapa de mis manos lo que no puedo cambiar. De mi chispa queda muy poco, espero paciente mientras llega el momento que se extinga y disfruto de lo poco que puedo apreciar sin dolor.

ENRIQUE

En el estacionamiento de la constructora recuerdo que, en el bar personal de la casa, hace falta una botella de Whisky, pienso en detenerme en el súper mercado de camino y así aprovecho llevando otras cosas. Ya caminando hacia la caja registradora para pagar, no puedo creer lo que perciben mis ojos de manera fugaz, no me contuve y fui a buscar esa silueta, mi curiosidad impaciente no se contuvo de llevarme a averiguar si mi mente quiere jugarle una broma al corazón.

La miro de espalda y reconozco esa complexión, esa sombra, el celaje de su cuerpo. Tiene un poco más de volumen, no obstante, esas caderas son inconfundibles, cabe la posibilidad de que alguien más a quien no conozco posea esas características que veo diariamente en lo profundo de mi mente. Tengo que acercarme más, no aguanto la espera a que se dé la vuelta.

Lo hizo precisamente en el momento que estaba tan cerca que, de repente, me miró a pocas pulgadas de distancia y mis ojos apreciaron que era Anny sin ninguna duda.

Me pasmé, ella se sorprendió y dejo caer lo que tenia sujetado en sus manos. Me sentí torpe, tan tonto, sin expresión, asustado y mi corazón ascendiendo a la máxima velocidad de sus latidos, iba a explotar, al punto de provocarme un infarto.

Ella sonrió y dio un paso hacia delante, me beso en la mejilla y me abrazó muy fuerte. No la había visto desde entonces, percibí su aroma otra vez y esta cercanía me estaba empujando al borde de la locura, y tan solo bastó que me dijera con su dulce voz: — tranquilo — para calmarme. La acompañé a terminar su compra, platicamos como en los viejos tiempos, fuimos juntos a pagar, ella su cuenta y yo la mía, le pregunté cómo regresaría a la casa, contestó que en un taxi y me ofrecí a llevarla.

En el camino me dijo que estaba sin pareja, pero prefería no hablar de eso, el momento fue suficiente para explicarme que su hija está con su padre. Detuve el auto frente a su casa, la misma donde vivimos tantas emociones, nos quedamos en silencio un rato y no dejábamos de mirarnos, fue la primera vez que me sentí tentado a ser infiel dentro de mi matrimonio.

Ella me pidió que pasara y mis deseos pedían a gritos ser saciados, pero la fidelidad es la decisión de ser leal, respetar a la mujer que ha estado conmigo en casa con cada situación difícil dándome apoyo emocional, que ha ayudado a cargar mi corazón hecho pedazos, a quien le debo la promesa de estar juntos para siempre y decidió formar un hogar a mi lado y me dio la bendición de ser padre.

Solo le di a Anny un beso en la mejilla y después de un profundo suspiro le dije que fue un gusto vernos. Se desmontó y con todas las ganas de seguirla, permanecí en el auto, esperé a que entrara y me marché para consolarme con el whisky que llevaba y felicitarme por no lastimar mi conciencia, tomando la decisión correcta.

El próximo domingo mientras nos preparamos para ir a la iglesia Luis, quien había vuelto de ver a su madre y traer algo que necesitaba para seguir pasando las vacaciones con nosotros entró a mi habitación para saludarme y darme los buenos días, entre eso me preguntó si visitábamos la iglesia todos los domingos, y contesté:

—Sí, desde la partida de tu padre acompaño al mío todos los domingos, para él es un consuelo, un refugio y se mantiene sereno, quizás no solo necesitamos a Dios para que nos libere de todo mal, también lo necesitamos para ayudarnos a llevar la carga de una pérdida, mi padre se siente solo luego que perdió a su hijo mayor, mi madre no fue tan fuerte y enfermó hasta sucumbir ante la depresión, mi padre estuvo con ella en cada momento, incluso sin ella reconocerlo porque las drogas medicadas la llevaron a un estado en el cual no reconocía la realidad, luego de tratamientos, choques eléctricos y los medicamentos llego a sentirse tan ausente que la casa parecía un desierto.

Tu siguiente pregunta será que sí creo en Dios, si creo en él, pero no igual que todo el mundo, creo en un solo Dios porque imagino que tener a muchos a quien servir es muy difícil, a veces para complacer a uno disgustas al otro. No creo que el diablo y Dios estén en una competencia de almas, de ser así pensaría que Satanás va ganando. No creo que debo de ser tan sumiso como los paradigmas imponen, pienso que él no necesita tanta atención como la humillación de todo el mundo, está bien que en él está todo el control del universo, pero someter a nosotros a una voluntad inquebrantable, y decir que tenemos libre albedrio, eso es algo contradictorio, intento vivir esta vida como si no hay más nada después de ella, sin lastimar a nadie, y sin ser esclavo de un libro y las interpretaciones de los líderes religiosos. Tal vez sean necesario para el montón de personas que necesitan que les digan cómo lidiar con el miedo a morir con la esperanza de un mundo más allá de lo terrenal donde viven las almas que pasan una prueba en el mundo de los vivos y que se sienten bien siendo sumisos. para mí la abolición de la esclavitud es un hecho fenomenal y no quiero ser esclavo de un ideal divino, confuso y dudoso.

Ahora estas pensando que lo que te digo es opuesto a mi afirmación de creer en Dios, sí que creo en él, como un amigo, un refugio a quien agradecerle, creo en la casualidad, en las posibilidades, coincidencias, en la acción y reacción, causa y efecto, encasillar el destino es sentirnos que tenemos todas las respuestas, cuando en realidad nos llega un enigma cada día y hacemos lo mejor que podemos para sobrellevarlo. Cambiaría mi vida porque Emmanuel estuviera aquí hoy, lo amé una inmensidad y lamento que no pude demostrarle lo suficiente. ¿Entonces debo culpar a Dios por permitir que eso le sucediera, que destrozo una familia completa, provocó la locura de mi madre que la llevo al deceso y la depresión infinita de mi padre?

Nadie decidió esto, pero pasó y lo único que nos mantiene cuerdos es la oración, darle gracias a Dios por todo lo demás que tenemos. Perdí un hermano, y no puedo hacer nada para recuperarlo, sin embargo, tengo un hijo maravilloso, que en cuanto está conmigo me renueva la alegría, lucho cada día y me apasiona lo que hago para seguir adelante un día a la vez.

La felicidad es efímera y no se trata de ser feliz para siempre, se trata de intentar ser feliz por un instante, y de a poco acumularlo. Sé que en el camino que me voy trazando en el recorrido por este mundo, cometeré muchos pecados, confío en que Dios sea tan comprensible y entienda que somos humanos y si al final del camino no soy acto para ir con él a la tierra prometida, al paraíso o como quiera que le quieran llamar, que por favor me deje tranquilo dormido y que pueda seguir descansando en paz.

A todo eso Luis me miró algo confuso y me dijo:

— Solo vine por un rato de compañía porque estaba aburrido esperando abajo.

LUIS

De camino, desde el asiento trasero compartido por mi abuelo y mi primito, voy observando por la ventana la ciudad tranquila, muda, cansada y resacada del derroche de la noche anterior, la típica escena de un domingo en la mañana. Al llegar a la iglesia veo debajo del marco de la puerta que está el sacerdote recibiendo a todos los que pasan adentro no sin antes hacer la señal de la cruz desde su frente hasta el pecho y de hombro a hombro.

Saluda a todos asentando con la cabeza, excepto a mi abuelo a quien le tiende la mano en señal de respeto por su edad avanzada. Todos caminamos a su paso de caracol, con larga espera entre cada paso. Aún no hay mucha gente y nos sentaremos en la segunda fila de bancos del extremo derecho, debajo de un abanico que hace el intento de disipar un poco el calor que va emergiendo conforme pasan los minutos.

Comienza la ceremonia con cantos, alabanzas y sermones, todos los demás armonizan haciendo un coro, incluso la esposa de mi tío, pero él no, no dice nada y se mantiene sereno e inmóvil, nada le afecta, tan frio que emana respeto y admiración. Llega un momento en que el sacerdote pide a todos orar.

Mi abuelo se va al suelo de la manera que puede, sosteniendo los brazos de mi tío hasta lograrlo, con un esfuerzo que le sacudió su esquelético cuerpo. De rodilla apoyado con sus manos en el banco del frente comienza a orar, el sacerdote pide que se levanten, Don Juan sigue ahí, aún no termina, al parecer tenía mucho que decirle a su deidad en su templo.

Al rato después quiere ponerse de pie y comienza a temblar, intenta subir con todas sus fuerzas, las que son insuficiente, consumido por el tiempo, que por más que lo desee no puede moverse. Enrique y yo le ponemos de pie.

Comienza el saludo de la paz y cuando abrazamos a todos los de nuestro alrededor deseándole la paz, mi abuelo abraza a su hijo y en un tono leve pero tan alto que pude escuchar le dice en modo de redención:

—Te quiero, te amo y te seguiré amando lo que me queda en esta vida y en la que viene, estoy orgulloso de ti, trascendiste y te convertiste en un gran hombre a quien admiro mucho.

Enrique no pudo contener sus lágrimas y relacionó como coincidían con las últimas palabras de mi padre y tomó estas de despedida, ahora sí estaría preparado para afrontar la agonía que se avecina.

El siguiente domingo mí abuelo despertó muy tarde para asistir a la iglesia, nadie lo despertaría para que pueda descansar. El próximo al siguiente, se despertó más tarde aún y así fueron los demás que le siguieron, un día de la semana simplemente no despertó. Había tristeza y resignación, ese momento era esperado y todos nos consolamos con el silencio.

Angélica fue a verme esos días para saber de mí y expresarme sus condolencias, aprovechamos la ocasión para recuperar una amistad sincera, con la madurez que ambos tenemos. El hecho de ella aparecer de tan lejos me confirmó su cariño de amigos, el cual acepto y cuidaré.

Una noche después de otras tantas después de los nueve días, Enrique se desplomó de rodillas en el comedor y rompió el silencio con un llanto inconsolable, hablándole a Dios le dijo:

— Dame fuerzas por favor, ayúdame por favor, no se qué hacer para seguir avanzando con este dolor.

Su esposa se sentó a su lado en el piso y le contestó:

— No tienes que hacerlo solo, estoy aquí junto a tu hijo.